ÜBER DEN VERFASSER

Siegfried J. Schmidt, geboren 1940 in Jülich, studierte Philosophie, Germanistik, Linguistik, Geschichte und Kunstgeschichte in Freiburg, Göttingen und Münster. Promotion 1966 über den Zusammenhang zwischen Sprache und Denken von Locke bis Wittgenstein. 1965 Assistent am Philosophischen Seminar der TH Karlsruhe, 1968 Habilitation für Philosophie, 1971 Professor für Texttheorie an der Universität Bielefeld, 1973 dort Professor für Theorie der Literatur. Seit 1979 Professor für Germanistik/Allgemeine Literaturwissenschaften an der Universität-GH Siegen, ab 1984 Direktor des Instituts für Empirische Literatur- und Medienforschung (LUMIS) der Universität Siegen. Seit 1997 Professor für Kommunikationstheorie und Medienkultur an der Universität Münster und Direktor des Instituts für Kommunikationswissenschaft.

Wichtigste Veröffentlichungen der letzten Jahre:
(Hrsg.): Der Diskurs des Radikalen Konstruktivismus. Frankfurt/M. 1987; Kognitive Autonomie und soziale Orientierung. Frankfurt/M. 1994; zus. mit B. Spieß: Die Geburt der schönen Bilder. Fernsehwerbung und Medienkultur. Opladen 1994; Medien = Kultur? Bern 1994; zus. mit B. Spieß (Hrsg.): Werbung, Medien und Kultur. Opladen 1995; zus. mit B. Spieß: Die Kommerzialisierung der Kommunikation. Fernsehwerbung und sozialer Wandel 1956–1989. Frankfurt/M. 1996; Die Welten der Medien. Grundlagen und Perspektiven der Medienbeobachtung. Braunschweig/Wiesbaden 1996; Die Zähmung des Blicks. Konstruktivismus – Empirie – Wissenschaft. Frankfurt/M. 1998; Kalte Faszination. Medien Kultur Wissenschaft in der Mediengesellschaft. Weilerswirt 2000.

SIEGFRIED J. SCHMIDT

Geschichten & Diskurse

ABSCHIED VOM KONSTRUKTIVISMUS

Mit einem Vorwort von
Mike Sandbothe

ROWOHLTS ENZYKLOPÄDIE
IM ROWOHLT TASCHENBUCH VERLAG

ROWOHLTS ENZYKLOPÄDIE
HERAUSGEGEBEN VON BURGHARD KÖNIG

Originalausgabe
Veröffentlicht im Rowohlt Taschenbuch Verlag,
Reinbek bei Hamburg, Dezember 2003
Copyright © 2003 by Rowohlt Verlag GmbH,
Reinbek bei Hamburg
Umschlaggestaltung any.way, Walter Hellmann
Satz Sabon PostScript PageMaker
bei Pinkuin Satz und Datentechnik, Berlin
Druck und Bindung Clausen & Bosse, Leck
Printed in Germany
ISBN 3 499 55660 x

Die Schreibweise entspricht den Regeln
der neuen Rechtschreibung.

INHALT

VORWORT
von Mike Sandbothe

Der Name Siegfried J. Schmidt ist in Deutschland eng mit dem disziplinenübergreifenden Forschungsprogramm des Radikalen Konstruktivismus (Schmidt 1987, 1992 u. a.) verbunden. Vom Epitheton des Radikalen hat sich der Autor bereits in früheren Publikationen distanziert. So treten in seinem viel gelesenen Buch *Kognitive Autonomie und soziale Orientierung* (1994) moderate Formen der kulturalistischen Diskursbegründung an die Stelle der ehemals als radikal bezeichneten naturalistischen Fundierungsversuche. Was aber geschieht in *Geschichten & Diskurse (G&D)*? Vollzieht der renommierte Mitbegründer, engagierte Verfechter und erfolgreiche Verbreiter konstruktivistischen Denkens in seinem neuen Buch tatsächlich (wie es im Untertitel heißt) den «Abschied vom Konstruktivismus» und damit von seinem eigenen Forschungsprogramm? Oder verweist die Rhetorik des Untertitels doch eher auf eine interne Transformationsbewegung, bei der zentrale Grundfragen des konstruktivistischen Diskurses bewahrt und auf neue Weise in den Blick genommen werden?

Als etabliertes Paradigma erkenntnistheoretischer Forschung untersucht der Konstruktivismus die Binnenverfassung menschlicher Erkenntnisleistungen. Das ist traditionell ein genuin philosophisches Unternehmen. Die Philosophie befasst sich im Unterschied zu anderen Wissenschaften mit dem Denken des Denkens. Ihr Gegenstand hat aus diesem Grund eine andere Struktur als die Gegenstände der ‹normalen› Wissenschaften. Dem modernen Philosophen geht es nicht in erster Linie um die Erforschung eines bestimmten Gegenstandsbereichs (der Wirtschaft, des Rechts, des Lebens, der Natur, der Kultur etc.), sondern um die Art und Weise, wie wir Gegenstände als Gegenstände, Erkenntnisbereiche als Erkenntnisbereiche voneinander unterscheiden und damit überhaupt erst als solche konstituieren. In dieser Denktradition steht auch das erkenntnistheoretische Forschungsprogramm des Konstruktivismus.

Der schärfste Konkurrent konstruktivistischer Erkenntnistheorien ist der so genannte Realismus. Aus diesem Grund wird der Konstruktivismus häufig auch als Antirealismus bezeichnet. Der Realist geht davon aus, dass die zentrale Leistung menschlicher Erkenntnis darin besteht, eine unabhängig von ihr existierende Realität möglichst angemessen wiederzugeben. Demgegenüber hebt der Antirealist bzw. Konstruktivist hervor, dass wir zu einer solchen erkenntnisvorgängigen Realität keinen neutralen Zugang haben – denn wir müssten sie ja irgendwie erkennen, um von ihr reden zu können! – und dass es daher plausibler sei, die Realität nicht als Voraussetzung, sondern als Produkt menschlicher Erkenntnis aufzufassen.

Der Konstruktivismus in seiner radikalen Gestalt glaubte, die Richtigkeit der von ihm vertretenen antirealistischen Erkenntnistheorie im Rekurs auf naturwissenschaftliche Forschungsergebnisse aus Biologie, Neurophysiologie und Kognitionspsychologie belegen zu können (Schmidt 1982a/b). Das Gehirn erscheint aus dieser Perspektive als ein autonomer Wirklichkeitskonstrukteur, der sich in seinen Operationen immer wieder auf seine eigenen Operationen bezieht, weil er alle äußeren Reize nur als Irritationen wahrnehmen kann bzw. in der ihm eigenen Nervensprache prozessieren muss. Die Unhaltbarkeit naturalistischer Argumentationsstrategien besteht darin, dass beim Rekurs auf die vermeintlich objektive Beweiskraft neurobiologischer Forschungsergebnisse übersehen wird, dass diese bei konsequenter Umsetzung der konstruktivistischen Theorie ihrerseits als Konstruktionen aufzufassen sind und insofern keine den Realisten überzeugende Beweiskraft haben (Janich 1992).

In Reaktion auf Argumente dieser Art hat Schmidt in *Kognitive*

Autonomie und soziale Orientierung (1994) versucht, die von ihm früher selbst vertretenen naturalistischen durch kulturalistische Begründungsformen zu ersetzen. Als argumentativer Ausgangspunkt diente ihm dabei der Gedanke, dass menschliche Beobachter ihre Operationen nicht (wie die konstruktivistische Unterscheidungslogik von Spencer Brown bis Niklas Luhmann unterstellt) in einem «unmarked space» vollziehen. Stattdessen ging Schmidt im Anschluss an den *Social Constructionism* von Kenneth J. Gergen davon aus, dass menschliche Beobachter «‹immer schon› in einem kulturell und sozialstrukturell sehr nachhaltig ‹markierten space› operieren» (Schmidt 1994, 47). Das zentrale Anliegen des Buchs von 1994 bestand darin, die hermeneutische Unhintergehbarkeitsthese konstruktivistisch zu wenden und im Rekurs auf empirische Forschungsergebnisse aus den Kultur- und Sozialwissenschaften zu plausibilisieren.

Anders als in *Kognitive Autonomie und soziale Orientierung* wechselt Schmidt in *G&D* nicht nur den fachwissenschaftlichen Referenzbereich seiner Begründungsstrategie, sondern diese selbst. An die Stelle einer empirischen Plausibilisierung konstruktivistischen Denkens, die kombinatorisch verfährt und sich an ausgewählten Forschungsresultaten fachwissenschaftlicher Einzeldisziplinen orientiert, tritt eine dezidiert philosophisch argumentierende Form diskursiver Selbstbegründung. Deren Ziel besteht darin zu explizieren, was wir in allem Denken, Reden und Handeln immer schon voraussetzen: nämlich Sinn.

Kultur- und Medienwissenschaftler untersuchen normalerweise nicht den Sinn von «Sinn». Stattdessen setzen sie ihn voraus und interessieren sich für die Art und Weise, wie Sinn in Medien kulturell kommuniziert wird. Genau das tut auch Schmidt; und zwar in den beiden dezidiert medien- und kommunikationswissenschaftlichen Büchern, die er nach seinem Wechsel aus der Siegener Literaturwissenschaft in die Münsteraner Kommunikationswissenschaft vorgelegt hat (Schmidt 2000; Schmidt/Zurstiege 2000). In *G&D* aber schreibt Schmidt nicht als Medien- und Kommunikationswissenschaftler, sondern als Kultur- und Sprachphilosoph. Das hat gute Gründe. Sie haben mit dem Verständnis von Medien- und Kommunikationswissenschaft zu tun, das Schmidt vertritt.

Dieses Verständnis hat Schmidt in *Kalte Faszination* (2000) kulturwissenschaftstheoretisch grundgelegt und im Anschluss daran zusammen mit Guido Zurstiege in *Orientierung Kommunikationswissenschaft* (2000) fachspezifisch ausbuchstabiert. Von besonderer Bedeutung ist dabei das «integrative Medienkonzept» (Schmidt 2000, 93), das er unter der Überschrift «Kompaktbegriff ‹Medium›» (2000, 94) entwickelt hat. Mit Blick auf dieses Konzept schreibt der Autor in *G&D*: «Wie an verschiedenen Stellen begründet, konzipiere ich Sprache nicht als Medium, sondern als Kommunikationsinstrument. Medien – beginnend mit der Schrift – konzipiere ich als Kompaktbegriff, der vier Komponentenbereiche systemisch integriert: Kommunikationsinstrumente wie Sprache und Bilder, technische Dispositive (von der Feder und dem Papier bis zur Internettechnologie), die sozial-systemische Ordnung dieser Dispositive (etwa Skriptorien, Verlage oder Funkhäuser), die Medienangebote, die aus dem Zusammenwirken dieser Komponenten resultieren» (2003, 39).

Der zitierten Definition ist indirekt zu entnehmen, dass sich Kommunikationsinstrumente von Medien durch den Sachverhalt unterscheiden, dass sie ohne technische Dispositive, ohne soziale Institutionen und ohne die mit deren Hilfe produzierten und/oder distribuierten Medienangebote auskommen. Das leuchtet auf den ersten Blick ein. Wenn wir *face to face* miteinander sprechen, benötigen wir im Normalfall keine technischen Sprechapparate und müssen uns auch nicht auf Medieninstitutionen verlassen, die dafür sorgen, dass unsere Nachrichten den Empfänger erreichen. Das unterscheidet die natürliche Präsenzkommunikation ja gerade von der medial vermittelten Fernkommunikation. Zugleich aber gilt Schmidt zufolge, dass technisch und sozial implementierte Mediensysteme nicht ohne die Sinnprodukte auskommen können, die wir mit Hilfe von Kommunikationsinstrumenten wie Sprache und Bild produzieren. Auch wenn diese selbst keine Medien sind, handelt es sich bei ihnen doch gleichwohl um unverzichtbare *Bestandteile* von Medien; und zwar, weil sie die Sinnressourcen zur Verfügung stellen, die in Medien gespeichert, verarbeitet und distribuiert werden.

Vor diesem Hintergrund wird verständlich, warum Schmidt mit *G&D* einen Perspektivenwechsel von der Medien- und Kommunikationswissenschaft zur Kultur- und Sprachphilosophie vollzieht. Die Beantwortung der Frage nach den Bedingungen der Möglichkeit von Sinn erfordert eine gezielte Thematisierung derjenigen Kommunikationsinstrumente, die von der Medien- und Kommunikationswissenschaft zwar als Bestandteile des Medienbegriffs vorausgesetzt, aber nicht eigens und als solche untersucht werden. Insofern kann man in der von Schmidt bevorzugten Terminologie sagen, dass die Kultur- und Sprachphilosophie einen «blinden Fleck» zu ihrem Gegenstand hat, der für die Medien- und Kommunikationswissenschaft konstitutiv ist und sich ihr deshalb entzieht.

Schon durch den Titel seines Buchs macht Schmidt deutlich, dass der Sinnerzeugungsmechanismus menschlicher Kommunikationsinstrumente von ihm aus der Perspektive einer «Geschichten&Diskurse-Philosophie» (2003, 67) untersucht wird. Dieses neuartige Theorieangebot wird vom Autor im vorliegenden Buch erstmals entwickelt. Um zu verstehen, was damit gemeint ist, muss man sich auf eine ganze Reihe von Basisannahmen einlassen. Geschichten und Diskurse sind das Resultat eines begrifflichen Unterscheidungsmechanismus, der allen natürlichen Sprachen als Bedingung der Möglichkeit von Sinn zugrunde liegen soll. Schmidt beschreibt diesen «Grundmechanismus» (2003, 6) als «autokonstitutiven Zusammenhang von Setzung (...) und Voraussetzung (...)» (2003, 8). Was ist damit gemeint?

Wenn wir eine Handlung vollziehen, einen Gedanken denken oder ein Gefühl empfinden, wählen wir (zumeist unbewusst) aus einem Spektrum von möglichen Handlungen, Gedanken und Gefühlen aus und entscheiden uns (häufig abermals unbewusst) für die Handlung oder den Gedanken oder das Gefühl, für die, für den oder für das wir uns entscheiden. Indem wir uns entscheiden, rücken wir etwas statt etwas anderem (X statt Y) ins Zentrum unserer Aufmerksamkeit. Wir machen eine Setzung, die ihrerseits nur möglich ist unter der Bedingung, dass zuvor bereits andere Setzungen stattgefunden haben. Diese vorausgegangenen Setzungen nennt Schmidt Voraussetzungen. Sie treten nur zutage, wenn ich eine konkrete Setzung mache, das heißt, sie sind ihrerseits als Voraussetzungen einer bestimmten Setzung von dieser Setzung abhängig. Aus diesem Grund spricht Schmidt von einem *autokonstitutiven* Zusammenhang von Setzung und Voraussetzung. Die Voraussetzung ist Bedingung der Setzung und die Setzung ist Bedingung der Voraussetzung. Das eine ermöglicht das andere bzw. der Zusammenhang von Setzung und Voraussetzung erzeugt sich selbst, ist also autokonstitutiv.

Die Funktion derjenigen Sinnstrukturen, die Schmidt als «Geschichten&Diskurse» bezeichnet, besteht nun darin, bei der Selektion einer zu verwirklichenden Setzung aus einem Set von möglichen Setzungen behilflich zu sein. Geschichten und Diskurse funktionieren wie ein «Selektionsfahrplan für anstehende Selektionen» (2003, 41). Sie entlasten den einzelnen Menschen «von der neurotischen Dauerreflexion darüber, warum er A tut und nicht B bis Z und warum er über Alpha redet und nicht über Beta bis Omega» (2003, 41). Das bedeutet konkret: Die Geschichten, die ich in meinem Leben bereits erlebt und gehört habe und die ich mir und anderen in Erzählungen vergegenwärtigen kann, helfen mir in konkreten Handlungssituationen dabei, eine bestimmte Handlung im Unterschied zu anderen möglichen Handlungen auszuwählen. Ähnliches gilt für die Diskurse, an denen ich teilnehme. Sie zeichnen bestimmte Sprechakte gegenüber anderen, bestimmte Gefühlsäußerungen gegenüber anderen aus und helfen mir, mich in einer konkreten Kommunikationssituation für einen bestimmten Sprechakt, eine bestimmte Gefühlsäußerung zu entscheiden.

Als komplexer Wirkungszusammenhang sind Geschichten und Diskurse eng miteinander verzahnt. Denn Diskurse sind als Vollzüge selbst Handlungen und insofern in Geschichten eingebettet, und

Geschichten sind als sinnhafte selbst Kommunikationen und insofern in Diskurse eingebettet. Die Unterscheidung von (als Handlungszusammenhänge bestimmten) Geschichten und (als Kommunikationszusammenhänge bestimmten) Diskursen wird vom Autor daher als eine kontingente, aber funktionale Beobachterkategorie eingeführt. Dem korrespondiert, dass Schmidt Geschichten&Diskurse trotz der zentralen Bedeutung, die ihnen in seinem Theoriegebäude zukommt, keinesfalls als «Anfangsgründe postuliert, auf denen systematisch eine Theorie aufgebaut wird» (2003, 32). Stattdessen handelt es sich bei den Geschichten, in die ich verstrickt bin, und bei den Diskursen, an denen ich teilnehme, selbst wieder um Setzungen, die Voraussetzungen haben. Diese Voraussetzungen beschreibt Schmidt als das Geschichten und Diskursen vorgelagerte Zusammenspiel von Wirklichkeitsmodellen und Kulturprogrammen.

Wirklichkeitsmodelle bestehen aus dem Gesamtspektrum von Kategorien und semantischen Differenzierungen, das einer Gesellschaft als «System von Sinnorientierungsoptionen» (Schmidt 2003, 12) zur Verfügung steht. Zu den Kategorien zählen «zum Beispiel Alter, Geschlecht, Macht, Besitz, Verwandtschaft, Nahrung und Kleidung» (2003, 9). Die semantischen Differenzierungen (alt/jung, männlich/weiblich etc.) operationalisieren die Kategorien, machen sie für konkrete Kommunikationsprozesse also einsetzbar. Die Aufgabe von Kulturprogrammen besteht nun darin, ein effektives «Unterscheidungsmanagement» (2003, 17) im Umgang mit dem vorliegenden Wirklichkeitsmodell zu etablieren. Zu diesem Zweck werden bestimmte Kategorien und semantische Differenzierungen nach lebenspraktischen Gesichtspunkten miteinander vernetzt und gegenüber anderen kulturell ausgezeichnet und sozial habitualisiert.

Der komplexe Apparat von Begriffen, den Schmidt in seinem Buch entwickelt und im Anhang systematisch als Glossar zusammenstellt, dient dem Autor dazu, «den zentralen Ansprüchen konstruktivistischen Denkens» (2003, 4) gerecht zu werden. Diese bestehen darin, «die vollständige Begründung der Theorie durch sich selbst sowie die konsequente Anwendung der Theorie auf sich selbst» (2003, 4) zu gewährleisten. Dem Selbstverständnis des Autors zufolge ist also sein «Abschied vom Konstruktivismus» kein Abschied von den «Ansprüchen konstruktivistischen Denkens» (2003, 4). Stattdessen ist er als eine Kritik an den bisher mit dem Begriff Konstruktivismus verbundenen naturalistischen und/oder kulturalistischen Begründungsformen zu verstehen. An deren Stelle soll nun ein sich selbst begründender Konstruktivismus treten.

Der zentrale Unterschied zum «soziokulturellen Konstruktivismus» (Schmidt 1994, 47) von 1994 lässt sich anhand der neuen Lösungsstrategie verdeutlichen, die der Autor in *G&D* zur «Vermittlung zwischen kognitiver Autonomie und sozialer Orientierung» (2003, 4) vorschlägt. Mit «kognitiver Autonomie» ist der Sachverhalt gemeint, dass die Setzungen, die ich mache, immer in einem strengen Sinn als «meine» Setzungen zu klassifizieren sind, weil «Aktanten» (also Menschen) – gemäß der von Schmidt nach wie vor geteilten Grundvoraussetzung des Konstruktivismus – «nur strikt systemspezifisch operieren können» (2003, 36). Das, was ich sage, tue oder fühle, sage, tue oder fühle ich zwar gemäß kulturell einsozialisierter Setzungen und Voraussetzungen, die sich ausgehend von Wirklichkeitsmodellen und Kulturprogrammen bis in Geschichten und Diskurse hinein konkretisieren. Der kognitive Vollzug einer Handlung, eines Gedankens oder eines Gefühls aber ist als kognitiver Vollzug in meinem Kopf je individuell und insofern für niemanden außer mir selbst zugänglich oder nachvollziehbar.

Dieses Grundproblem des Konstruktivismus bleibt auch in der selbstbegründenden Theoriekonzeption erhalten. Aber unter den Bedingungen der «Geschichten&Diskurse-Philosophie» (Schmidt 2003, 67) erscheint es als ein Problem, dessen neuartige Beschreibung zugleich seine Lösung impliziert. Die Verbindlichkeit des intersubjektiven Wirklichkeitsbezugs meiner Handlungen, Gedanken und Gefühle wird nämlich durch den generativen «Mechanismus der Reflexivität» (2003, 69), der das komplexe Netzwerk von Setzungen/Voraussetzungen, Wirklichkeitsmodellen/Kulturprogrammen und Geschichten/Diskursen überhaupt erst ermöglicht, bereits ausreichend gesichert. Das «Konzept der strukturellen Kopplung» (2003, 69), das bisher dazu diente, die systemspezifisch operierenden Kognitionen auf direkte Weise miteinander zu verbinden, wird dadurch überflüssig. Darin kommt eine der grundlegenden Differenzen zum Ausdruck, durch die sich der «als (...) postkonstruktivistisch erscheinen[de]» (2003, 110) Konstruktivismus von *G&D* sowohl von den naturalistischen als auch von den kulturalistischen Argumentationsstrategien bisheriger Konstruktivismen unterscheidet.

Das eigentliche Herzstück von Schmidts neuem Buch stellt deshalb die Freilegung der reflexionstheoretischen Möglichkeitsbedingungen dar, auf denen das soziokulturelle Netzwerk von «Kontrollparameter[n]» (2003, 68) basiert, mit dessen Hilfe sich individuelle Praxis je schon in soziale transformiert. Der Autor geht dabei so weit, dass er sowohl das raumzeitlich situierte Bewusstsein, den Aktanten und dessen Vergesellschaftung als auch das «Komplementaritätsverhältnis von Bewusstsein und Gegenstand» (2003, 52) aus der «Logik von Setzung und Voraussetzung» (2003, 14) ableitet. Diese Logik, die als ein autokonstitutiver Prozess wechselseitiger Generierung konzipiert ist, verweist auf die «nicht-dualistische» (2003, 60) Basisstrategie, die Schmidts Theoriegebäude zugrunde liegt.

Die Strategie besteht darin, die «Probleme dualistischen Philosophierens durch eine bewusste Verschiebung des Startmanövers von Objekten zu Prozessen» (Schmidt 2003, 104) aufzulösen. Die alten Oppositionen von Subjekt und Objekt, Aussage und Gegenstand, Schema und Inhalt werden auf diesem Weg prozessualisiert und im Hegel'schen Sinn des Wortes in eine(r) höherstufige(n) Denkform ‹aufgehoben›. Auf metatheoretischer Ebene resultiert daraus der Anspruch, das konstruktivistische Grundanliegen jenseits der Opposition von Realismus/Antirealismus neu zu definieren. Die Geschichten&Diskurse-Philosophie präsentiert sich insofern durchaus zu Recht als «Abschied vom Konstruktivismus». Denn das tragende

Selbstverständnis des bisherigen Konstruktivismus speist sich zu wesentlichen Teilen aus seiner Opposition zum Realismus.

Schmidts Selbstverortung «im Rahmen nicht-dualistischer philosophischer Ansätze» (2003, 60) lässt neben Josef Mitterer und Peter Janich, auf die der Autor explizit Bezug nimmt, vor allem an die pragmatistischen Strömungen modernen Philosophierens denken, die gegenwärtig eine internationale Renaissance erfahren (Sandbothe 2000 und 2003a). So präsentiert Richard Rorty – einer der Hauptvertreter des amerikanischen Neopragmatismus – die von ihm im Anschluss an John Dewey und Donald Davidson vertretene Position als dezidiert antidualistisch. Im Unterschied zu Schmidt meint Rorty damit jedoch ein Denken, das sich auf erkenntnistheoretische Fragestellungen nicht mehr konstruktiv und systematisch, sondern nur noch destruktiv und therapeutisch einlässt. Deshalb entwickelt Rorty auch kein komplexes Verfahren der Prozessualisierung von Ich und Welt, sondern schlägt schlicht und einfach vor, erkenntnistheoretische Probleme aller Art rigoros beiseite zu schieben. An die Stelle der epistemologischen Lehrbuchfrage nach den «Bedingungen der Möglichkeit von X» sollten seiner Ansicht nach ganz andere (nämlich unmittelbar soziopolitisch relevante) Themenfelder treten (Rorty 1999).

Anders Schmidt. Aus seiner Sicht kann und soll das eine – nämlich die demokratische Ausrichtung einer pragmatistisch verstandenen Wissenschaft – das andere – also die (reflexionstheoretisch prozessualisierte) Erkenntnistheorie – keinesfalls ausschließen oder gar ersetzen. Dem Nachweis der inneren Verwobenheit beider Bereiche dienen die Kapitel 11 bis 14 des vorliegenden Buchs, in denen es um personale und soziale Identität, Moral und Wahrheit geht. Darin führt Schmidt vor Augen, wie sich das Zusammenspiel von Setzungen und Voraussetzungen, Wirklichkeitsmodellen und Kulturprogrammen, Geschichten und Diskursen als gesellschaftlicher Prozess unter den reflexiven Bedingungen der wechselseitigen Beobachtung von Aktanten vollzieht.

Um Schmidts Konzeption, der zufolge Identität, Moral und

Wahrheit als «Orientierungs-Orientierungen» (2003, 68) zu beschreiben sind, angemessen in den Blick zu bekommen, muss man sich zunächst klar machen, dass es einer nichtdualistischen Philosophie im Schmidt'schen Sinn nicht um den wie auch immer gearteten Realitätsstatus von Setzungen und Voraussetzungen, Wirklichkeitsmodellen und Kulturprogrammen, Geschichten und Diskursen geht. Stattdessen werden diese sinnerzeugenden Strukturen zu «operative[n] Fiktion[en]» (2003, 10) verflüssigt, die ihre pragmatische Wirksamkeit durch die wechselseitige Zuschreibung erlangen, mittels deren Aktanten anderen Aktanten moralische Handlungsregeln, verifizierbare Wissensbestände und affektiv besetzte Identitäten unterstellen.

Das ist ein geschickter Schachzug. An die Stelle eines barocken Systems von symbolischen Ordnungen erster, zweiter und dritter Seinsstufe treten so intersubjektive Zuschreibungspraktiken, die man nach verschiedenen Hinsichten beobachten kann. In Sachen Moral führt das dazu, diese als «Geschichten&Diskurse gebundene Anwendung von sittlichen Orientierungsprinzipien» (Schmidt 2003, 84) zu konzipieren. Dabei erscheinen die sittlichen Prinzipien nicht als «Normen universeller Art» (Schmidt 2003, 84), die einer ethischen (also theoretischen) Begründung bedürften, sondern als autokonstitutive Zuschreibungspraktiken, die sich in ihrer handlungsleitenden Funktion in einer bestimmten Kultur jeweils als «pragmatischer Legitimationsunterbrecher» (2003, 84) bewähren oder nicht.

Ähnlich geht Schmidt in Sachen «Wahrheit» vor. Sie wird bestimmt als Einheit der Differenz wahr/falsch und dient dazu, «Aussagenverlässlichkeit in Geschichten und Diskursen» (2003, 90) sicherzustellen. Das geschieht zum einen durch die billigende Verwendungsweise von ‹wahr/falsch› als «Argumentationsunterbrecher durch die Legitimität der Bezugnahme auf den *status quo* des gemeinsamen Wissens» (2003, 90); und es geschieht zum anderen durch die warnende Verwendungsweise von ‹wahr/falsch›, die sicherstellt, dass «zu jeder Zeit eine Wiederaufnahme der Wahrheitsbegründung eingefordert werden kann» (2003, 90). Beide Verwendungsweisen sind in der pragmatistischen Philosophie des 20. Jahrhunderts herausgearbeitet und als Alternativen zu den klassischen Wahrheitskonzepten ins Spiel gebracht worden, welche versuchen, die Konsensfähigkeit einer Aussage im Rekurs auf ihre als Korrespondenz verstandene Wahrheit zu erklären (Davidson/Rorty 2004 und Sandbothe 2003b).

In Sachen Moral und Wahrheit argumentiert Schmidt ohne Abstriche als Pragmatist. Komplexer ist die Lage bei der Identität. Sie fungiert als strukturelle Voraussetzung für die Zuschreibung der beiden orientierungsgebenden Differenzen von wahr/falsch und gut/böse, deren reflexive Dynamik von Schmidt auch als wissensbezogene «Erwartungs-Erwartung» (2003, 79) und wertbezogene «Unterstellungs-Unterstellung» (2003, 79) beschrieben wird. Zwar handelt es sich auch bei der Identität um eine Zuschreibung und insofern um eine operative Fiktion. Aber im Unterschied zu Wahrheit und Moral sind persönliche (Ego/Alter) und gesellschaftliche Identität (Wir/die Anderen) aus Schmidts Sicht nicht nur als Netzwerke von Zuschreibungen zu begreifen, sondern darüber hinaus auch als Bedingungen der Möglichkeit von Zuschreibung überhaupt.

Das ist Schmidt zufolge deshalb notwendig, weil das identische Ich «der Ausgangspunkt aller Bezugnahmen des Bewusstseins und der Referenzbereich für die Selbstzuschreibung von Intentionen, Handlungsfähigkeit, Willen usw.» (2003, 71) ist. Das Verhältnis von Ego und Alter beschreibt Schmidt als einen Prozess der wechselseitigen Selbstsetzung, um auf diesem Weg die formale Ich-Identität (analog dem Bewusstsein und seiner Gegenstände) aus der Logik von Setzung und Voraussetzung ableiten zu können. Erst mit Blick auf ihre «Spezifik» wird die Identitätsbildung dann in einem zweiten Schritt auf die «Selektivität von Geschichten und Diskursteilnahmen von Aktanten sowie auf deren Phantasie und Kreativität» (2003, 75) zurückbezogen. Ebendarin liegt die Differenz zum pragmatistischen Identitätskonzept, dem zufolge «eine Person nichts anderes ist als eine kohärente und plausible Menge von Überzeugungen und Wünschen» (Rorty 1988, 44).

Die Nähe von Schmidts Geschichten&Diskurse-Philosophie zu pragmatistischen Denkmotiven ist deutlich geworden. Zugleich aber ist darauf hinzuweisen, dass sich diese Nähe auf Detailfragen der Durchführung und nicht auf die Anlage des Gesamtunternehmens bezieht. Die Differenz in der Anlage spiegelt sich in dem Detailunterschied, der zwischen Schmidts Identitätskonzept und dem pragmatistischen Personenmodell besteht. Während Schmidt Wahrheit und Moral unter den als vorgängig konzipierten Bedingungen von Geschichten und Diskursen denkt, bestimmt er Identität zunächst und primär als formale Möglichkeitsbedingung von Geschichten und Diskursen und erst sekundär und in inhaltlicher Hinsicht als deren Realisierung. Darin kommt zum Ausdruck, dass Schmidt von einer Fundierungsdimension her denkt, die zwar auf Geschichten und Diskurse hin angelegt ist, diese jedoch zugleich auch transzendiert. Dabei handelt es sich um den bereits erwähnten «autokonstitutiven Zusammenhang von Setzung (...) und Voraussetzung (...)» (2003, 8).

Die von Schmidt auf Hegel zurückgeführte Logik dieses Zusammenhangs dient ihm dazu, «die vollständige Begründung der Theorie durch sich selbst sowie die konsequente Anwendung der Theorie auf sich selbst» (2003, 4) zu gewährleisten. Das in dieser Auffassung zum Ausdruck kommende Theorieverständnis läuft dem Theorieverständnis des Pragmatismus diametral entgegen. Der Pragmatist schlägt vor, den theoretischen Anspruch auf Selbstbegründung und Selbsterklärung, der das philosophische Denken lange Zeit geprägt hat, durch ein soziopolitisches Nützlichkeitskriterium zu ersetzen. Zwar stellt sich auch Schmidt im Schlusskapitel seines Buchs die pragmatistische Frage «Wozu eine Theorie der Geschichten&Diskurse?» (2003, 103). Doch im Unterschied zum Rorty'schen Pragmatisten setzt Schmidt die unterschiedlichen Nützlichkeitskriterien, die sich aus den soziopolitischen Wertestandards moderner Demokratien ergeben, nicht einfach als kontingenten Bewertungsrahmen voraus. Stattdessen erhebt er den Anspruch, mit seiner Geschichten&Diskurse-Philosophie das erkenntnistheoretische Fundament für «eine grundsätzliche Entscheidung für demokratische Formen gesellschaftlichen Lebens» (2003, 104) zu legen.

Es ist kein Zufall, dass Schmidt in diesem Zusammenhang auf Probleme von «Multikulturalität und Globalisierung» (2003, 107) zu sprechen kommt. Denn gerade in ihrem Außenverhältnis scheinen demokratische Gesellschaften unter den Bedingungen ihrer Globalisierung guter Argumente zu bedürfen, um die Mitglieder nichtdemokratischer Gesellschaften von den Vorteilen ihrer Demokratisierung zu überzeugen. Ob der theoretische Rekurs auf den autokonstitutiven Zusammenhang von Setzungen&Voraussetzungen, Wirklichkeitsmodellen&Kulturprogrammen und Geschichten&Diskursen eine solche transkulturelle Überzeugungskraft tatsächlich entfalten kann, wird die Zukunft zeigen. Dabei ist zu berücksichtigen, dass Schmidt sich mit seinem Buch gezielt an ein intellektuelles, kulturwissenschaftlich geschultes und im konstruktivistischen Denken geübtes Publikum wendet. Seine Nützlichkeitserwägungen beziehen sich auf die Wirkungen, welche die Geschichten&Diskurse-Philosophie auf ausgewählte Multiplikatorinnen und Multiplikatoren (und vermittelt über diese dann auf Entscheiderinnen und Entscheider in der globalen Wirtschaft und Politik) entfalten kann.

Berücksichtigt man diese realistische Einschätzung der möglichen Wirkungsweise des vorliegenden Werks, dann lässt sich Schmidts Ansatz auch und gerade aus pragmatistischer Perspektive als zukunftsweisend verstehen. Denn die meisten derjenigen zeitgenössischen Kulturwissenschaftlerinnen und Kulturwissenschaftler, die in ihrer akademischen Ausbildung durch aufklärungs- und demokratiekritische Denkschulen geprägt worden sind – und das sind nicht wenige! –, lassen sich wohl am ehesten durch strenge reflexionstheoretische Argumentationsfiguren dazu bewegen, dem demokratischen Grundanliegen und den damit verbundenen soziopolitischen Fragestellungen in ihrer Arbeit wieder eine stärkere

Bedeutung zu geben. Insofern kann man nur hoffen, dass der Geschichten&Diskurse-Philosophie im ersten Jahrzehnt des 21. Jahrhunderts eine ebenso wirksame Rezeption zuteil wird wie dem Radikalen Konstruktivismus im letzten Jahrzehnt des vergangenen Millenniums.

Zitierte Literatur

Davidson, Donald/Rorty, Richard (2004): Wozu Wahrheit? Eine Debatte, hg. von Mike Sandbothe, Frankfurt/M.: Suhrkamp.

Janich, Peter (1992): «Die methodische Ordnung von Konstruktionen. Der Radikale Konstruktivismus aus der Sicht des Erlanger Konstruktivismus», in: Schmidt (Hg.), 1992, S. 24–41.

Rorty, Richard (1988): *Solidarität oder Objektivität?*, Stuttgart: Reclam.

Rorty, Richard (1999): *Philosophy and Social Hope*, London und New York: Penguin.

Sandbothe, Mike (2000) (Hg.): *Die Renaissance des Pragmatismus. Aktuelle Verflechtungen zwischen analytischer und kontinentaler Philosophie*, Weilerswist: Velbrück Wissenschaft.

Sandbothe, Mike (2003a): «Medien – Kommunikation – Kultur. Grundlagen einer pragmatischen Kulturwissenschaft», in: *Kulturwissenschaft als Kommunikationswissenschaft: Projekte, Probleme, Perspektiven*, hg. von Matthias Karmasin und Carsten Winter, Opladen: Westdeutscher Verlag, S. 257–271.

Sandbothe, Mike (2003b): «Davidson and Rorty on Truth: Reshaping Analytic Philosophy for a Transcontinental Conversation», in: *A House Divided: Comparing Analytic and Continental Philosophers*, hg. von Carlos G. Prado, Amherst (NY): Humanity Books, S. 235–258.

Schmidt, Siegfried J. (1982a): «Unsere Welt – und das ist alles», in: *Merkur. Deutsche Zeitschrift für europäisches Denken*, Heft 4, Jahrgang 36, April 1982, S. 356–366.

Schmidt, Siegfried J. (1982b): «Einladung, Maturana zu lesen», in: Humberto R. Maturana, *Erkennen: die Organisation und Verkörperung von Wirklichkeit*, Braunschweig und Wiesbaden: Vieweg 1982, S. 1–10.

Schmidt, Siegfried J. (1987) (Hg.): *Der Diskurs des Radikalen Konstruktivismus*, Frankfurt/M.: Suhrkamp.

Schmidt, Siegfried J. (1992) (Hg.): *Kognition und Gesellschaft. Der Diskurs des Radikalen Konstruktivismus 2*, Frankfurt/M.: Suhrkamp.

Schmidt, Siegfried J. (1994): *Kognitive Autonomie und soziale Orientierung. Konstruktivistische Bemerkungen zum Zusammenhang von Kognition, Kommunikation, Medien und Kultur*, Frankfurt/M.: Suhrkamp.

Schmidt, Siegfried J. (2000): *Kalte Faszination. Medien Kultur Wissenschaft in der Mediengesellschaft*, Weilerswist: Velbrück Wissenschaft.

Schmidt, Siegfried J. (2003): *Geschichten und Diskurse. Abschied vom Konstruktivismus*, Reinbek bei Hamburg: Rowohlt.

Schmidt, Siegfried J. / Zurstiege, Guido (2000): *Orientierung Kommunikationswissenschaft. Was sie kann, was sie will*, Reinbek bei Hamburg: Rowohlt.

VORBEMERKUNG

Der Konstruktivismus, so bemerkte G. Schiepeck vor einiger Zeit, ist in die Jahre gekommen, sodass man sich fragen kann und muss, was mit ihm geschehen bzw. was aus ihm geworden ist. G. Roth vertritt die Ansicht, er sei im wissenschaftlichen Diskurs inzwischen so akzeptiert, dass man seine Grundsätze als bekannt voraussetzen könne. Andere wie etwa N. Groeben glauben dagegen, er sei durch die inzwischen (nicht zuletzt von ihm selbst) vorgebrachten Gegenargumente endgültig diskreditiert und als theoretische Verwirrung und haltlose Übertreibung enttarnt.

1994 habe ich in meinem Buch *Kognitive Autonomie und soziale Orientierung* vorgeschlagen, den damals noch in erster Linie biologisch und psychologisch begründeten Konstruktivismus (auch) sozio-kulturell zu fundieren und um eine angemessene Berücksichtigung von Gefühlen zu erweitern, um nicht nur biologische und psychologische, sondern auch mikrosoziologische und makrosoziologische Aspekte angemessen erfassen zu können.

Dieser Vorschlag ist insgesamt positiv aufgenommen worden. Kritisiert wurde aber nach wie vor (vor allem von J. Mitterer und St. Weber), dass auch diese Variante konstruktivistischer Theoriebildung noch immer in einem *dualistischen* Theorieformat verbleibt, allein schon wegen der Unterscheidung zwischen Wirklichkeit und Realität.

In der vorliegenden Studie* verabschiede ich mich von einigen der

* Diese Studie verdankt der Dissertation von Sebastian Jünger (Kultur, Kognition, Kommunikation – Aspekte integrativer Theoriearbeit. Wiesbaden: DUV 2002)

zentralen Problembestände aus dem Diskurs des Radikalen Konstruktivismus, so von der Frage nach der Wirklichkeit der Wirklichkeit, nach dem Verhältnis von Wirklichkeit und Realität sowie nach der Konstruktion von ‹Konstruktion›. Diese Verabschiedung erfolgt nicht in Form einer Lösung der damit angesprochenen Probleme, sondern in Form ihrer Auflösung in einer Theorie der Geschichten&-Diskurse. Diese Theorie verabschiedet sich von einigen Varianten im Diskurs des Konstruktivismus, so vor allem von Argumentationsansätzen, die durch ihre Bindung an die Biologie und die Kognitionstheorie geprägt waren und bis heute sind und die ihre Bezugstheorien unter der Hand als Garanten ihrer Richtigkeit und Wichtigkeit heranziehen. Damit wird jedoch genau das verhindert, was zu den zentralen Ansprüchen konstruktivistischen Denkens gehört, nämlich die vollständige Begründung der Theorie durch sich selbst sowie die konsequente Anwendung der Theorie auf sich selbst. Ein weiterer Abschied gilt allen Varianten eines «Vulgärkonstruktivismus», der nur gebetsmühlenartig wiederholt, alles sei konstruiert, ohne den verwendeten Konstruktionsbegriff plausibel zu begründen.

Generell wird in dieser Studie versucht, den Dualismus im traditionellen konstruktivistischen Diskurs dadurch zu überwinden, dass keine ontologischen Vorannahmen gemacht und die thematisierten Gegenstandsbereiche ausschließlich als Prozessresultate konzipiert werden. Damit wird Schritt für Schritt die oftmals verwendete konstruktivistische Formel plausibilisiert, dass die Konstruktion der Wirklichkeit als die Wirklichkeit der Konstruktion konzipiert werden kann. Dabei geht es nicht nur um die Konstruktion von Gegenständlichkeit im alltäglichen Sinne, sondern auch um die Konstruktion von Bewusstsein, Raum und Zeit, Aktant und Identität, Handlung und Kommunikation sowie Moral und Wahrheit durch die sich selbst begründenden Prozesse von Setzungen und Voraussetzungen und den generativen Mechanismus von Reflexivität.

mehr, als die Zitate erkennen lassen, nämlich vor allem die Herausforderung, meine Gedanken noch einmal in (eine) Ordnung zu bringen.

Im Mittelpunkt meiner Überlegungen stehen dabei zwei Probleme, die ich als Grundprobleme menschlichen Handelns betrachte:

- Bei allem, was wir tun, wählen wir (bewusst oder unbewusst) eine Möglichkeit aus einem Überschuss von Möglichkeiten, die wir in der jeweiligen Handlungssituation nicht realisieren. Selektion konstituiert notwendigerweise Kontingenz und umgekehrt. Darum ist die Bearbeitung von Kontingenz die Daueraufgabe des Menschen in der Gesellschaft.
- Die Selektionen, die wir treffen, sind die Selektionen, die *wir* treffen. Dabei sind wir an die für uns jeweils spezifischen Bedingungen der Selektion gebunden. Diese aktantenspezifische Situation, die im konstruktivistischen Diskurs als «kognitive Autonomie» bezeichnet wird, muss nun aber vermittelbar sein mit den Bedingungen einer sozialen Orientierung der Aktanten, um die Sozialität ihres Handelns und Kommunizierens zu ermöglichen. Das zweite Grundproblem des Menschen besteht also in der Vermittlung zwischen kognitiver Autonomie und sozialer Orientierung.

Die Lösungen, die ich im Folgenden für diese Probleme anbiete, orientieren sich vor allem an Leistungen, die der Mechanismus der *Reflexivität* erbringen kann. Diese Leistung besteht in erster Linie darin, (universale) Kontingenz durch (spezifische) Kontingenz zu bearbeiten und damit das Risiko der Kontingenz, die Unsicherheit bzw. die Haltlosigkeit unserer Handlungen durch solche sozial relevanten Orientierungs-Orientierungen (genannt «operative Fiktionen») im Denken, Handeln und Kommunizieren zu mindern, die mit der kognitiven Autonomie der Aktanten vereinbar sind. Mit anderen Worten, das Lösungsprinzip besteht darin, Kontingenz nicht etwa durch einen möglichst objektiven Abgleich mit der Realität zu bearbeiten, sondern sie durch den für alle Aktanten in einer Gesellschaft fiktiven Bezug auf gegenseitig unterstelltes kollektives Wissen der Beobachtung zu entziehen, sie also zu «invisibilisieren».

Pointiert formuliert könnte man den Gang der folgenden Überlegungen auf die Formel bringen: vom anfanglosen Beginn über Strukturbildung aus Haltlosigkeiten bis zur Endgültigkeit der Vorläufigkeit.

Gerne hätte ich beim Schreiben dieser Überlegungen Elfriede Gerstls Empfehlung befolgt: «alles was man sagen kann, kann man auch beiläufig sagen» – aber das dürfte im Folgenden wohl nur bedingt gelungen sein.

PS: Die erste Fassung dieser Arbeit ist in der Stille der großen Namib-Wüste entstanden. Allen, die mir durch ihre herzliche Fürsorge auf der Desert Lodge Rostock Ritz diese Arbeit zum Vergnügen gemacht haben, widme ich dieses Buch.

Daneben gilt mein Dank allen Mitarbeiterinnen und Mitarbeitern des Internationalen Forschungszentrums Kulturwissenschaften in Wien, wo ich während eines Forschungssemesters im Wintersemester 2002/2003 die endgültige Version dieser Arbeit erstellen konnte.

1. DER GRUNDMECHANISMUS: SETZUNG UND VORAUSSETZUNG

Was immer wir tun, wir tun es in Gestalt einer Setzung: Wir tun dieses und nicht etwas anderes, obwohl wir auch etwas anderes hätten tun können; und diese Setzung nimmt für uns und – falls wir beobachtet werden – auch für andere eine ganz bestimmte Gestalt an: Dies ist eine Setzung des Typs A und nicht des Typs B, C, M oder X.

Soweit wir das in unserer Lebenszeit abschätzen können, sind jeder Setzung, die wir jetzt treffen, andere Setzungen vorausgegangen, auf die wir uns mehr oder weniger bewusst beziehen (können). Unsere bisherigen Setzungen bilden daher einen Zusammenhang von Setzungen in jeweils ganz konkreten Situationen. Auf diesen Zusammenhang können wir uns jetzt in Gestalt von Erinnerungen und Erzählungen beziehen. Dieser Setzungszusammenhang macht die Gesamtheit unserer bisherigen Lebenserfahrungen aus, die sich in jeder aktuellen Situation als Erwartungen an künftige Erfahrungen auswirken.

Jede Setzung macht zumindest eine Voraussetzung. In der Regel sind es aber viele Voraussetzungen, die gemacht bzw. in Anspruch genommen werden – man denke zum Beispiel nur, wie viele Voraussetzungen erfüllt sein müssen, ehe wir darangehen können, eine Autotür aufzuschließen oder mit den Skiern eine Piste hinunterzufahren. Der Zusammenhang von Setzung und Voraussetzung ist insofern autokonstitutiv, als keines ohne das andere sinnvoll zu denken ist. Setzung und Voraussetzung sind darum strikt *komplemen-*

tär. Die Voraussetzung einer Setzung kann erst in der reflexiven Bezugnahme auf die Setzung beobachtet werden, wie S. Jünger betont (2002, 47). Akzeptiert man die Autokonstitutivität von Setzung und Voraussetzung, dann akzeptiert man damit auch, dass es keinen voraussetzungslosen Anfang geben kann – man kann nur damit beginnen, eine Setzung vorzunehmen.

G. W. F. Hegel, von dem ich die beiden Begriffe Setzung und Voraussetzung übernehme, hat in der *Wissenschaft der Logik* Erkennen bestimmt als «... ein Setzen, welches sich ebenso unmittelbar als Voraussetzen bestimmt» und damit offensichtlich einen sich selbst konstituierenden Prozess (oder sollte man besser sagen: einen Mechanismus?) beschrieben, der nicht nur allem Erkennen, sondern allem Handeln zugrunde liegt. Diesen Grundgedanken möchte ich im Folgenden schrittweise entfalten.

Ob wir etwas wahrnehmen oder beschreiben, ob wir über etwas nachdenken oder ob uns etwas als etwas Bestimmtes zu Bewusstsein kommt, immer betreiben wir ein ernstes Spiel von Unterscheidungen. Wir (und nicht ein anderer) beschreiben (und erklären nicht) etwas als dieses Etwas (und nicht als etwas Anderes). Dabei nehmen wir sprachliche Mittel in Anspruch, deren Bedeutungsmöglichkeiten und gesellschaftliche Akzeptanz wir stillschweigend voraussetzen und durch die Inanspruchnahme zugleich als «viabel», (das heißt als gangbar oder erfolgreich im Sinne E. von Glasersfelds) bestätigen. All das vollzieht sich (und das soll nicht mehr heißen als: all das können wir uns nur so denken oder vorstellen) als ein Geschehnis in einer bestimmten Situation zu einem bestimmten Zeitpunkt, also in einem Zusammenhang von Setzungen.

Setzungen konstituieren Kontingenz, weil sie angesichts anderer Möglichkeiten selektiv sein müssen. Als Selektionen sind sie Entscheidungen, die aber erst als Entscheidung Kontingenz *beobachtbar* machen. Das heißt, Selektion und Kontingenz können wir nur zusammen denken, sie konstituieren sich gegenseitig, sie sind strikt komplementär.

Wenn Unterscheidungen eine so allgemeine und so wichtige Bedeutung zugeschrieben wird, dann stellt sich die Frage, welche Bedingungen für das Unterscheiden angenommen werden.

Damit ich A von B unterscheiden kann, müssen A und B selbst von etwas anderem, etwa von C, unterscheidbar sein. Daher muss, wie S. Jünger gezeigt hat, Beobachten als ein *doppelter* Differenzierungsprozess konzipiert werden, «der die Differenzierung zwischen A und B nur durch die Differenzierung von A *und* B ermöglicht, in einer Beobachtung zweiter Ordnung also als Differenzierung zwischen C und [A und B] erscheint. Dabei ist es nicht unseriös, sondern notwendig, die Beobachtung erster Ordnung durch eine Beobachtung zweiter Ordnung zu begründen, die natürlich selbst wieder durch eine neue Beobachtung als Relation zwischen D und {C und [A und B]} konzipiert werden muss. Die Beobachtung stellt somit eine dreistellige dynamische Relation dar, die Zweistelligkeit behaupten muss und als Dreistelligkeit nur durch weitere Beobachtung identifiziert werden kann.» (2002, 30f.)

Jede Setzung setzt nach der Logik der hier vorgetragenen Argumentation eine setzende Instanz voraus, die zugleich durch die Setzung bestätigt wird. Im Fall von kognitiven Setzungen (wie etwa Wahrnehmungen) nennen wir diese setzende Instanz *Bewusstsein*. Bewusstsein operiert auf allen Ebenen in Form von *Bezugnahmen* über dem autokonstitutiven Zusammenhang von Setzung (Bewusstsein *von* Etwas) und Voraussetzung (ohne Bewusstsein *kein* Etwas). Die Voraussetzung der Setzung kann erst in reflexiver Bezugnahme als solche beobachtet (gesetzt) werden und wiederholt damit das Spiel von Setzung und Voraussetzung aufs Neue. Erst Reflexivität macht Bezugnahmen erkennbar und kommunizierbar. Bewusstsein ist die unhintergehbare Bedingung für die Beschäftigung mit Bewusstsein, und Reflexivität ist die Bedingung für das Bewusstwerden von Bewusstsein. S. Jünger hat die Bewusstseinsproblematik auf folgenden Nenner gebracht: Das «Nachdenken über» setzt «Etwas» als identifizierbare Einheit einer Differenzierung voraus, und diese Unterscheidung ist zugleich ein Setzen. Wo gedacht wird, entstehen durch Unterbrechung kontinuierlicher Abläufe Strukturen. Diese

Unterbrechungen sind Reflexivierungen von Dynamik, die Ordnungsbildungen erlauben.

Bezugnahme bzw. *Relationalität* als Bewusstseinsprinzip, *Reflexivität* als Möglichkeit der Bezugnahme auf Voraussetzungen sowie die gemeinschaftsbildenden Annahmen solcher Bezugnahmen bei anderen und die *selektive Autokonstitutivität* des Zusammenhangs von Setzung und Voraussetzung scheinen die elementaren Prinzipien oder «Mechanismen» zu sein, die all unser Handeln antreiben, es beobachtbar und interpretierbar machen. Im Folgenden soll erprobt werden, wohin man kommt, wenn man bei der Theoriebildung vor allem mit diesen elementaren Mechanismen arbeitet.

Nehmen wir ein Beispiel. Wir beobachten etwas in unserer Umwelt als jung und bedienen uns dabei meist unbewusst der semantischen Differenzierung jung/alt. Diese Differenzierung muss notwendigerweise vorausgesetzt werden, damit wir uns im Akt der Beurteilung für jung bzw. für alt entscheiden können. Aber im Hinblick worauf beobachten und beurteilen wir? In unserem Beispielfall im Hinblick auf Alter. Wie deutlich zu sehen, setzt die Entscheidung für eine Seite einer Differenz (zum Beispiel jung) die Einheit der Differenz jung/alt (also: Alter) voraus. Verfüge ich nicht über die semantische Kategorie Alter, kann ich diese nicht semantisch in alle Schattierungen sprachlicher Bezeichnungen von «blutjung» bis «steinalt» ausdifferenzieren und habe damit keine Möglichkeit, etwas *als* alt oder *als* jung wahrzunehmen und unterscheidend zu bezeichnen. S. Jünger formuliert, «... dass das Beobachten von *entweder* Differenz *oder* Einheit nur möglich wird durch die implizite Voraussetzung des anderen, des aktuell Nicht-Beobachteten. Differenz ist nur als Einheit und Einheit nur in Differenz beobachtbar.» (2002, 37) Differenzen markieren darum mehr ein Ineinander als ein Ausschlussverhältnis. Die operativ genutzte Seite einer Differenz behält sozusagen die momentan ungenutzte in der Hinterhand. Ohne Nicht-Beobachtbares, so Jünger, nichts Beobachtbares; Beobachtbares und Nicht-Beobachtbares, Diskontinuität und Kontinuität sind komplementär (2002, 50).

Im Lauf der bisherigen Überlegungen sind drei wichtige Beobachtungsgesichtspunkte deutlich geworden, die ich bisher ohne nähere Spezifikation als *Kategorien, semantische Differenzierungen* und *Unterscheidungen* bezeichnet habe.

- Kategorien markieren im hier vorgetragenen Theorieentwurf gesellschaftlich relevante *Sinndimensionen* wie zum Beispiel Alter, Geschlecht, Macht, Besitz, Verwandtschaft, Nahrung oder Kleidung. Kategorien lassen sich beschreiben als Knoten in einem Netzwerk von Kategorien, die durch Differenz zu anderen Kategorien Distinktivität bzw. semantisches Profil gewinnen (Alter und nicht Aussehen oder Gesundheit usw.). Ohne Differenz könnten auch Kategorien «keinen Sinn machen», weshalb wiederum angenommen werden muss, dass es eine Einheit der Differenz der Kategorien geben muss, die die prinzipiell unbegrenzte Mannigfaltigkeit der Kategorien in einem Netzwerk ordnet und damit selektive Bezugnahmen ermöglicht. Ich halte es zudem für plausibel anzunehmen, dass sich dieses Netzwerk in der Problemlösungs- und Umweltorientierungsgeschichte einer Gesellschaft herausgebildet und bewährt hat und deshalb die Handlungen der Gesellschaftsmitglieder ko-orientieren kann, weil es im Prinzip nicht in Frage gestellt wird, obwohl es sich langfristig beobachtet durchaus ändern kann. Dieses Netzwerk als Einheit der Differenz der Kategorien nenne ich *Wirklichkeitsmodell*, verstanden als ein Modell *für* Wirklichkeiten (siehe dazu Kapitel 2).
- Der Bezug auf Kategorien wird im Handeln und Kommunizieren ausdifferenziert und damit konkretisiert durch eine mehr oder weniger große Zahl von semantischen Differenzierungen der Kategorien, die zweistellig oder mehrstellig sein können (tot/lebendig, aber auch eiskalt/lau/warm/heiß). Semantische Differenzierungen sind *Prozesse*, dynamische Ordnungen, die immer wieder

hergestellt werden müssen, und keine unveränderbaren festen Größen. Sie machen die Kategorien beschreibbar, indem sie die Einheit der Differenz(ierung)en, nämlich die Kategorie, in unterscheidbare semantische Setzungen ausfalten. Im Prozess der semantischen Differenzierungen wird gewissermaßen das semantische Potenzial von Kategorien für konkrete Kognitions- und Kommunikationsprozesse operationalisiert.

- Wird eine konkrete Setzung vollzogen, also eine (symmetrische) semantische Differenzierung in eine (asymmetrische) Unterscheidung überführt («ein junges schönes Mädchen» und nicht «ein alter hässlicher Mann»), dann wird – mehr oder weniger bewusst – aus dem Pool der semantischen Differenzierungsangebote *eine* Möglichkeit ausgewählt, die ihre semantische Valenz durch die Differenz zu den anderen Möglichkeiten einer semantischen Differenzierung erhält: Jung, schön und Mädchen «machen Sinn», indem sie die in der Unterscheidung unbeobachtet mitlaufende Differenz zu alt, hässlich und Mann in Bezug auf die Kategorien Alter, Aussehen und Geschlecht ausnutzen. In diesem Sinne sind Setzung und Voraussetzung autokonstitutiv aufeinander bezogen und bestätigen sich in jedem Setzungsprozess gegenseitig: Setzungen operieren auf der Grundlage von Voraussetzungen, Voraussetzungen orientieren die Sinngebung von Setzungen. Insofern können Kategorien als Einheit der Differenz von semantischen Differenzierungen und Unterscheidungen beschrieben werden.

Im Sinne dieser Überlegungen wird auch deutlich, warum Kategorien und semantische Differenzierungen sinnvoll nur als zeitübergreifend und aktantenunabhängig konzipiert werden können; denn nur unter dieser Bedingung können sie Aktanten als eigenständige, Unterscheidungen treffende Systeme gesellschaftlich ko-orientieren, weil jeder annimmt, dass alle anderen sich auf dieselben Voraussetzungen in einer identischen oder doch zumindest hinreichend vergleichbaren Weise beziehen. Eine Alternative zu dieser unbewussten Übertragung des eigenen Kognitionsverlaufs auf andere können wir schlicht nicht denken, weshalb wir zu Recht zutiefst davon überzeugt sind, dass die Welt für die anderen ziemlich genau so aussieht wie für uns und dass auch sie diese Überzeugung teilen. Diesen *Reflexivitätsmodus kollektiver Erwartung kollektiver Erwartungen* (Erwartungs-Erwartung) nenne ich im Folgenden *operative Fiktion*.

Handlungsleitend werden Kategorien und semantische Differenzierungen aber erst dann, wenn setzungskompetente Instanzen (im Folgenden «Aktanten» genannt) in konkreten Handlungs- und Kommunikationszusammenhängen diese Orientierungsoptionen auch tatsächlich zu Bezugnahmen, also zu Unterscheidungen und Benennungen nutzen, dadurch aktantenbezogene Setzungen in zeitlich und räumlich konkreten Situationen vollziehen und dabei diese semantischen Voraussetzungen in Anspruch nehmen. Insofern erzwingt der komplementäre Zusammenhang von Setzungen und Voraussetzungen die Annahme von Aktanten, die diesen Zusammenhang in Gang setzen und in Gang halten.

Setzungen und Voraussetzungen bilden einen autokonstitutiven Zusammenhang, der seine spezifische «Wirklichkeit» durch die Wirksamkeit der Bezugnahmen für Aktanten entstehen lässt und nicht durch Rückgriff auf ein spezifisches ontologisches Arrangement in «der Realität».

Der Konstitutionszusammenhang von Setzungen und Voraussetzungen ist schließlich auch maßgebend für Beobachtungskonstellationen. Beobachter 1. Ordnung (alltagshandelnde Aktanten) vollziehen Setzungen ohne bewusste Bezugnahme auf deren Voraussetzungen. Beobachter 2. Ordnung setzen Beobachtungsprozesse in Gang, um die Voraussetzungen der Setzungen des Beobachters 1. Ordnung zu beobachten, wobei ihre eigenen Voraussetzungen als blinder Fleck wirken. Beobachter 3. Ordnung beobachten die Voraussetzungen des Beobachters 2. Ordnung mit Hilfe ihrer blinden Flecken usw. Dabei stellt diese Hierarchisierung nicht etwa eine Qualitätssteigerung dar, sondern benennt Beobachtungsrichtungen, wie sie im Alltag, in der Wissenschaft oder in der Wissenschaftstheorie praktiziert werden.

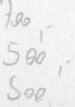

2. WIRKLICHKEITSMODELLE

Das System der Sinnorientierungsoptionen einer Gesellschaft, das aus Kategorien und semantischen Differenzierungen gebildet wird, habe ich in Kapitel 1 als das *Wirklichkeitsmodell* einer Gesellschaft eingeführt. Es wird hier bestimmt als das aus Handeln hervorgegangene und durch Handlungserfahrungen systematisierte und bestätigte kollektive Wissen der Mitglieder einer Gesellschaft über «ihre Welt». Kollektives Wissen wird nicht als eine Entität, sondern wiederum als Prozess-Resultat von Reflexivität konzipiert und bezeichnet den kognitiven «Inhalt» der Erwartungs-Erwartungen, die Aktanten sich gegenseitig im Sinne einer operativen Fiktion als kollektives Wissen bei allen anderen unterstellen.

Ein Wirklichkeitsmodell etabliert sich durch sozial-reflexive Bezugnahmen von Aktanten in Handlungen und Kommunikationen und verfestigt sich als symbolisch-semantische Ordnung durch Sprache, die Benennungskonstanz und Benennungsschematisierung von Kategorien und semantischen Differenzierungen für alle Gesellschaftsmitglieder ermöglicht, indem sie konkrete Bezugnahmen in Gestalt semiotischer Materialitäten (Zeichen) kollektiv stabilisiert.

Kollektives Wissen wird in Sozialisationsprozessen an die neuen Gesellschaftsmitglieder «weitergegeben». Kollektiv wirksam wird es durch die operative Fiktion, dass jeder annimmt, jeder andere verfüge im Prinzip über dasselbe Wissen. Wir sehen auch hier wieder das oben erwähnte Grundmuster der *Reflexivität* am Werk, das im Bezug auf Wissen als Erwartungs-Erwartung, im Bezug auf Motive, Intentionen und moralisch bewertende Handlungsorientierungen als Unterstellungs-Unterstellung bezeichnet wird. Reflexiv entstandenes und selektiv wirkendes kollektives Wissen wird von den Aktanten im Zuge ihrer Bewusstseinstätigkeit laufend neu gebildet und steht nicht etwa als thesaurierter Informationsbestand auf Abruf zur Verfügung. Darum ist die operative Fiktion kollektiven Wissens für den einzelnen Aktanten durchaus riskant (er kann sich täuschen über das Wissen anderer), gesellschaftlich aber höchst effizient: Über diese Fiktion löst sich das Dilemma der Unvereinbarkeit von kognitiver Autonomie unterscheidungssetzender Systeme und sozialer Kontrolle bzw. Orientierung des Wirkungszusammenhangs von Setzungen und Voraussetzungen in Interaktionen und Kommunikationen auf – man muss nicht wissen, es genügt, erfolgreich zu meinen. Und das muss aus dem einfachen Grund genügen, weil wir nicht in die Köpfe der anderen hineinschauen können.

Wirklichkeitsmodelle systematisieren für alle Aktanten den Umgang mit allen für lebenspraktisch wichtig gehaltenen Handlungs- bzw. Bezugnahmebereichen in gesellschaftlichen Interaktionen, und das heißt vor allem

- mit Umwelt(en) und allen darin wichtigen Ressourcen und Gegebenheiten;
- mit Aktanten in der jeweiligen Umwelt, die als Interaktionspartner eine Rolle spielen;
- mit Vergesellschaftungsformen (Institutionen, Organisationen), also mit allen sozial geregelten Handlungsmöglichkeiten bzw. Handlungsbeschränkungen, die Aktanten akzeptieren bzw. erdulden;
- mit Gefühlen, deren Stellenwert, Ausdrucksmöglichkeiten, Ansprüchen und Einschränkungen;
- mit moralischen Orientierungen (Werten), die vorausgesetzt/erwartet, zugelassen oder verboten sind.

Diese Aufzählung darf nicht darüber hinwegtäuschen, dass diese fünf für zentral gehaltenen Handlungs- bzw. Bezugsbereiche eng miteinander verschränkt gedacht werden: Jede Umweltauseinandersetzung ist mehr oder weniger bewusst mit Gefühlen und moralischen Orientierungen verbunden, ebenso wie jeder Umgang mit Aktanten oder das Handeln in Institutionen. Es gibt eine Moral des Gefühls wie ein Gefühl der Moral, eine Vergesellschaftung des Gefühls wie ein Gefühl der Vergesellschaftung usw.

Eine Begründung dafür, warum gerade diese fünf Bereiche so bedeutsam sind, lässt sich wie folgt anlegen. Systeme müssen aus Gründen der Konstitution wie der Erhaltung ihrer Identität die Differenzen System/Umwelt (Umwelt) sowie System/System (Aktant) *systemspezifisch* bestimmen können; ferner müssen sie die Selbstbeschränkung von Handlungsmöglichkeiten in Interaktionsformen (Vergesellschaftungsformen) selbst definieren können. In der Aktant-Aktant-Beziehung muss die Bewertung der eigenen Handlungen wie der Handlungen der anderen fortlaufend geregelt werden (Moral); und die Körpergebundenheit menschlicher Systeme macht Gefühle zu unvermeidlichen Dauerattraktoren aller Arten von Handlungen (Emotion).

Man kann aus diesen Gründen davon ausgehen, dass alle relevanten Kategorien und semantischen Differenzierungen eines Wirklichkeitsmodells affektiv und moralisch besetzt sind. Darüber hinaus nehme ich an, dass sie bei der Inanspruchnahme in Setzungen auch mehr oder weniger automatisch auf ihre lebenspraktische (empraktische) Relevanz hin «mitgeprüft» werden, was wiederum ihre affektive und moralische Besetzung modelliert. Soll ein Wirklichkeitsmodell nicht als neutrale und intern ungeordnete Größe konzipiert werden, was wenig Sinn machen würde, dann muss man annehmen, dass Kategorien und semantische Differenzierungen hinsichtlich ihrer jeweiligen gesellschaftlichen Bedeutsamkeit gewichtet sind (etwa mit Hilfe der Differenz zentral/peripher oder verzichtbar/unverzichtbar), dass sie mit unterschiedlich vielen anderen Kategorien und semantischen Differenzierungen in Beziehung gebracht werden können, und dass sie unterschiedlichen Geltungs- und Veränderungsbedingungen unterliegen. Die Gewichtung wie die

Besetzung von Kategorien und Differenzierungen erfolgt nicht jeweils neu in den Setzungen von Aktanten, die sie in Anspruch nehmen. Vielmehr dürften sie schon als Selbstverständlichkeiten vorentschieden sein, wenn Aktanten das Wirklichkeitsmodell ihrer Gesellschaft partiell «erwerben», wobei auch hier die Logik von Setzung und Voraussetzung wirkt. Aktanten setzen in jeder Handlung das Wirklichkeitsmodell als Rahmen der Sinnorientierung voraus und bestätigen es mit jeder erfolgreichen Setzung. Damit kann das Wirklichkeitsmodell einer Gesellschaft als Einheit der Differenz von Kategorien und semantischen Differenzierungen modelliert werden. Das Wirklichkeitsmodell muss notwendigerweise in seiner (fiktiven, da nie überprüfbaren) Geltung für alle Gesellschaftsmitglieder vorausgesetzt werden, damit Aktanten in situationsspezifischen Unterscheidungsoperationen durch Bezugnahmen auf dieses Modell «Sinn machen» können, der durch sprachliche Bezugnahmen sozial kommunizierbar ist.

3. KULTURPROGRAMME

Wirklichkeitsmodelle als Einheit der Differenz von Kategorien und semantischen Differenzierungen enthalten diejenigen Unterscheidungsmöglichkeiten, mit denen eine Gesellschaft in den fünf oben genannten zentralen Dimensionen operieren kann. Wirklichkeitsmodelle als Modelle *für* mögliche Wirklichkeiten werden hier beschrieben als strukturorientierte, also statische semantische Netzwerke. Sie werden erst dann handlungswirksam, wenn ein Programm zur Verfügung steht, das die möglichen Formen von Bezugnahmen auf Kategorien und semantische Differenzierungen in einer gesellschaftlich verbindlichen Weise in konkrete Unterscheidungssetzungen zu überführen erlaubt, also situationsspezifische Selektionen aus möglichen Relationen zwischen Setzungen und Voraussetzungen ermöglicht. Diese Konkretisierungen vereinen wiederum kognitive, affektive und moralische Komponenten. Als Selektionen sind Unterscheidungssetzungen kontingent; und diese Kontingenz ist unvermeidlich, weil jede Setzung Entscheidungen für eine bestimmte Option vor dem sinnkonstituierenden Hintergrund der gegenwärtig ausgeschlossenen Möglichkeiten zugleich erfordert und erlaubt.

Das Programm der gesellschaftlich praktizierten bzw. erwarteten Bezugnahmen auf Wirklichkeitsmodelle, also auf Kategorien und semantische Differenzierungen, ihrer affektiven Besetzung und moralischen Gewichtung bzw. das Programm der zulässigen Orientierungen im und am Wirklichkeitsmodell einer Gesellschaft nenne ich *Kultur*. Dabei gilt als Prinzip, dass das Bewusstsein der Aktanten

Bezug nimmt auf Kultur als dynamische Ordnung für Bezugnahmen auf Wirklichkeitsmodelle und sich damit selbst vollzieht.

Diese Argumentation verdeutlicht, dass auch Wirklichkeitsmodelle und Kulturprogramme nur in strikter Komplementarität gedacht werden können. Da im Prinzip alle Kategorien mit allen Kategorien verbindbar wären (eine ontologische Ausschlussregel ist nicht erkennbar), sind Selektions- und Kombinationsregeln sowie Kompatibilitätskriterien in Gestalt eines Kulturprogramms erforderlich, die eine dauerhafte Reduktion der Mannigfaltigkeiten von Beziehungen bewirken und damit jeweilige Wirklichkeiten als kontingente Selektionen unendlicher Mannigfaltigkeit entstehen lassen. Erst als Einheit der Differenz von kontingenter Selektion und unendlicher Mannigfaltigkeit von Beobachtbarem und Nicht-Beobachtbarem gewinnt eine jeweilige Wirklichkeit prozesshaft Identität.

Als Programm muss Kultur in jedem Akt der Anwendung als lernunwillig konzipiert werden, weil es sonst für Aktanten keine verbindliche Orientierung leisten könnte, langfristig gesehen aber als durchaus lernfähig, was sich dadurch erklären lässt, dass das Programm über die Beobachtung und Bewertung seiner Anwendungsresultate beobachtet und (bewusst oder unbewusst) *reflexiv* nachjustiert bzw. verändert werden kann. Metaphorisch könnte man auch sagen, Kultur sei die Energie, die die «Maschine» zur Wirklichkeitsproduktion «zum Laufen bringt», indem Stabilisierung (Tradierung) und Destabilisierung (Entwicklung) von Problemlösungsmöglichkeiten zugleich voneinander unterschieden und miteinander kombiniert werden. Das Arbeiten dieser «Maschine» in/durch kognitive Systeme verläuft in aller Regel unreflektiert als endloser Prozess ordnungsbildender Bezugnahmen, also des Verknüpfens und Bewertens semantischer Kategorien und Differenzierungen im Rahmen von Unterscheidungsoperationen, die im Aktanten in seinen Geschichten und Diskursen (siehe dazu Kapitel 5) das entstehen lassen, was als Sinn erlebt wird.

Sinn kann im Rahmen dieser Argumentation als die dauerhafte Erfahrung des Erfolgs funktionierender Kulturprogramme bzw. als sozial erfolgreiches *Differenzierungs- und Unterscheidungsmanagement* von Aktanten beschrieben werden, als gezieltes Handeln im semantischen Raum, der in jeder Setzung vorausgesetzt werden muss, sollen Sinnerfahrung und Sinnzuschreibung für den einzelnen Aktanten überhaupt möglich und sozial übertragbar bzw. kompatibel sein. Insofern ist Sinn nach N. Luhmann eine differenzlose Kategorie bzw. in der hier vollzogenen Argumentation eine sich selbst voraussetzende Kategorie, die in jeder Setzung immer schon implizit mitgeführt wird, auch wenn man sich nicht reflexiv darauf bezieht. Wir können uns nicht vorstellen, etwas zu tun, was nicht mit Hilfe der Kategorie «Sinn» beobachtet wird.

Auf der anderen Seite muss Sinn aber auch durch die Ordnung von Bezugnahmen «gemacht» werden. Das heißt, Sinn wird hier nicht als die alles fundierende Grundkategorie konzipiert, sondern als jeweils vorausgesetzte und mitlaufende Deutung des Prozesses von Setzung und Voraussetzung.

Die Metapher vom «Unterscheidungsmanagement» soll mit wenigen Hinweisen erläutert werden, um sie von ihrem möglicherweise technizistischen Beiklang zu befreien. Aus der Geschichte wissen wir, wir sehr Machtkonstellationen durch die Machtbesetzung von Differenzen bestimmt worden sind. Vertreter der Cultural Studies haben erläutert, wie stark Rassismus und Kolonialismus von diskriminierenden Diskursen getragen worden sind. Im feministischen Diskurs ist deutlich geworden, dass die Frauen deshalb so lange «keine Stimme» im Diskurs gehabt haben, weil die Kategorie Mensch nur theoretisch als Einheit der Differenz Mann/Frau gehandhabt wurde, faktisch aber Mensch und Mann – mit den bekannten Folgen – gleichgesetzt wurden.

Ein scheinbar abseitiges Beispiel, nämlich die so genannte Scheintot-Debatte am Ende des 18. Jahrhunderts, verdeutlicht, wie konkret sich jeweils sozial praktiziertes Differenzierungs- und Unterscheidungsmanagement von lebendig/tot auf ganze gesellschaftliche Handlungsbereiche auswirken kann. Während die Juden in

Deutschland ihre Toten aus religiösen Gründen am nächsten Tag nach Eintritt des Todes bestatten mussten, warteten die Christen bis zu einer Woche mit der Beerdigung, da man als Folge einer ausgeklügelten medizinischen Debatte über sichere Todesmerkmale erst den Beginn der Verwesung abwarten wollte, um ganz sicherzugehen, keinen Scheintoten zu beerdigen. Man kann sich unschwer ausmalen, welche Konsequenzen diese Maßnahmendifferenz für alle religiösen und sozialen Folgehandlungen hatte.

Die bisherigen Überlegungen zu Kultur als Programm sollten verdeutlichen, dass «Kultur» in dem hier vorgeschlagenen Theorieentwurf keine «gegenständliche Existenz» als beobachtbare Entität zugesprochen wird. Kultur als Programm vollzieht sich in konkreten Aktantenhandlungen in Form von *Optionseröffnungen und Optionsschematisierungen* für Bezugnahmen auf das Wirklichkeitsmodell für alle Aktanten in einer Gesellschaft, die genau diese Leistungen in Anspruch nehmen und erwarten, dass alle anderen *grosso modo* ebenso verfahren. Solche Eröffnungen und Schematisierungen können geändert werden; aber das neue Design wirkt dann – der Logik des Kulturprogramms entsprechend – wieder als *Vorschrift*. Als Programm für Ordnungsbildungen und Bezugnahmen, das sich in Ordnungsbildungen und Bezugnahmen stabilisiert und durch Reflexivierung als operative Fiktion wirkt, die kognitive Autonomie und soziale Orientierung miteinander verbindet, dienen Kulturprogramme als Erzeugungsmechanismen für alle Phänomene im weitesten Sinn, die von Aktanten in einer Gesellschaft *als kulturelle Phänomene* eingeschätzt werden. Pointiert gesagt, ohne die Inanspruchnahme des Kulturprogramms in situationsspezifischen Aktantenhandlungen könnten wir nicht wissen, was kulturelle Phänomene «sind», wie wir sie erkennen und bewerten.

Bei alldem dürfen zwei Aspekte nicht übersehen werden. Zum einen können Kulturprogramme sich im Lauf ihrer Evolution stark ausdifferenzieren, sodass die Rede vom Kulturprogramm immer auch so gelesen werden kann, dass das Kulturprogramm einer Gesellschaft die Einheit der Differenz seiner Sub- oder Teilprogramme bildet (so vor allem in funktional differenzierten Gesellschaften). Zum anderen muss berücksichtigt werden, dass Aktanten bestenfalls kleine Ausschnitte aus dem Kulturprogramm einer Gesellschaft anwenden bzw. als Beobachter beobachten und beschreiben können – «die Kultur» ist mithin eine *Diskursfiktion*. Anders gesagt: Es «gibt» keine Kultur als Summe von Phänomenen, aber wir brauchen sie als Programm, um kulturelle Phänomene generieren, beobachten und bewerten zu können. Jede Kulturtheorie ist daher notwendig eine Form kultureller Praxis (sprich Programmanwendung), und Kulturbeschreibungen verweisen immer auf Beschreibungskulturen. Jede Beobachtung von «Kultur» ist zugleich eine Form ihrer *Gestaltung* durch die Anwendung des Kulturprogramms.

Wie für Bewusstsein und Kommunikation gilt auch für «Kultur», dass Kulturprogramme die unhintergehbare Bedingung für die Beschäftigung mit Kulturprogrammen sind, weshalb es illusorisch wäre, so etwas wie eine richtige oder eine objektive Kulturtheorie schreiben zu wollen, in der alle kulturellen Phänomene in einer Gesellschaft sozusagen von außen bestimmt werden können.

Die Emergenz von Gesellschaft setzt nach diesen Überlegungen die *Co-Genese* von Wirklichkeitsmodellen und Kulturprogrammen voraus, wobei sich beide aufgrund von erfolgreichen Bezugnahmepraxen ausdifferenzieren können. Wirklichkeitsmodelle und Kulturprogramme co-emergieren aber nicht nur, sondern sie bilden einen sich gegenseitig konstituierenden *Wirkungszusammenhang* im Sinne der Allgemeinen Systemtheorie (siehe Schlosser 1993), auf den alle Sinnoperationen (in) einer Gesellschaft ausgerichtet sind. Sozialintegration konstituiert sich durch den reflexiven Bezug aller Handlungen und Kommunikationen auf einen von allen Aktanten als sozial verbindlich gehandhabten Wirkungszusammenhang von Wirklichkeitsmodell&Kulturprogramm – wie kontrafaktisch dieser auch als operative Fiktion in seiner Relevanz für alle Gesellschaftsmitglieder unterstellt sein mag.

Im Rahmen dieser Argumentation wird es möglich, die bisher all-tagssprachliche Verwendung des Begriffs ‹Gesellschaft› zu präzisie-ren. *Gesellschaft* wird hier bestimmt als Einheit der Differenz von Wirklichkeitsmodell und Kulturprogramm. Diese Bestimmung er-möglicht es zugleich, die Rede von der Unhintergehbarkeit, Uner-reichbarkeit bzw. Unbeschreibbarkeit von «Gesellschaft» wie von «Kultur» dahin gehend zu explizieren, dass auch das «Gesellschaft» Genannte als *Diskursfiktion* anzusehen ist. Das heißt, auch Gesell-schaft wird keine gegenständliche Existenz als beobachtbare Entität zugesprochen. Sie vollzieht sich vielmehr unentwegt in Form des tatsächlichen In-Anspruch-Nehmens von Wirklichkeitsmodellen und Kulturprogrammen in aktantenspezifischen Setzungen und Vor-aussetzungen.

Die *Spezifik* eines Wirkungszusammenhangs von Wirklichkeits-modell&Kulturprogramm liegt darin, *wie* die Kategorien und se-mantischen Differenzierungen des Wirklichkeitsmodells durch das Kulturprogramm semantisch relationiert, affektiv besetzt und mo-ralisch gewichtet werden, um als Voraussetzung (Sinnorientierung) für Setzungen (getroffene Unterscheidungen) dienen zu können. Nach allen Beschreibungen von Kulturen, über die wir bis heute ver-fügen, beruht die (identitätskonstitutive) Spezifik solcher gesell-schaftlichen Wirkungszusammenhänge nicht in erster Linie auf dem Wirklichkeitsmodell – hier gibt es offenbar eine große Gemeinsam-keit unter den Menschen –, sondern auf dem Kulturprogramm. Ebendeshalb erscheinen uns unterschiedliche «Kulturen» so ver-blüffend vergleichbar und zugleich so verblüffend inkompatibel und unzugänglich, wie inter- und multikulturelle Erfahrungen spätestens im Globalisierungsprozess lehren.

Die Kategorien als Einheit der Differenz zwischen semantischen Differenzierungen und Unterscheidungen können gleichsam als Fo-lie *hinter* allen Setzungen bewusst bleiben bzw. bewusst gemacht werden. Darum erscheinen in der Beobachtung zweiter Ordnung alle Optionen des Kulturprogramms aufgrund ihrer Selektivität als kontingent, damit aber auch als veränderbar und gestaltbar, wenn es gelingt, neue Programmteile als Vorschriften zu etablieren und andere umzuwerten. Kontingenz, heißt das, wird hier nicht als Bodenlosigkeit, sondern als Voraussetzung für Beweglichkeit und Kreativität angesehen.

Unter dieser Prämisse kann «Kultur» als Kulturprogramm doppelt perspektiviert werden:

- als Gesamtheit aller zu einem bestimmten Zeitpunkt *realisierten* Programmanwendungen, über die als bekannt verfügt werden kann (Tradition);
- als offener Horizont von *realisierbaren* alternativen Programmprojekten und Programmanwendungen (Innovation).

Die relative Differenz zwischen diesen beiden Beobachtungsmöglichkeiten bestimmt gewissermaßen das dynamische Potenzial eines Kulturprogramms.

Die Perspektivierung als Tradition hat N. Luhmann dahin gehend interpretiert, «Kultur» sei das Gedächtnis einer Gesellschaft. Diese Annahme kann so konkretisiert werden, dass in den Traditionen einer Gesellschaft erfolgreiche Problemlösungen im Rahmen des Kulturprogramms «aufbewahrt» werden, die einen wichtigen Beitrag zur Identität einer Gesellschaft leisten. Aus dem sicheren Bewusstsein, «das haben wir immer so gemacht», resultiert Handlungssicherheit durch Invisibilisierung von Kontingenz.

Die Perspektivierung als Innovation kann unter der generellen Überschrift «Kreativität» bzw. «Lebendigkeit» erfolgen, die Kulturprogramme vor Routinisierung und Erstarrung bewahren und es Gesellschaften ermöglichen, auf wahrgenommene Wandlungsprozesse systemspezifisch zu reagieren.

In der Logik der hier vorgestellten Argumentation ist es undenkbar, «Gesellschaft» ohne «Kultur» und «Kultur» ohne «Gesellschaft» zu konzipieren. Beide werden erst wirksam und beobachtbar in den Anwendungen bzw. den In-Anspruch-Nahmen des Kulturprogramms durch kognitiv und kommunikativ aktive Aktanten. Ohne Aktanten würden Kulturprogramme im wörtlichen Sinn des Wortes *keinen Sinn machen*. Insofern arbeitet *jeder* Aktant an seiner «Kultur» mit, obwohl er im Vollzug der Anwendung von Kulturprogrammen zugleich an deren Anwendungsspielräume gebunden ist. Damit ist das Spezifikum von «Kultur» beschrieben, nämlich dass sie in konkreten Anwendungen des Kulturprogramms zugleich als Setzung und Voraussetzung, Programm und Anwendung, Vorschrift und Veränderung beobachtet werden kann.

Eine scharfe Entgegensetzung von Kulturprogramm und Handlung, von symbolischer Sinnorientierung und konkreter Einzelhandlung, wie sie viele Autoren vorschlagen, verdeckt deren *Ermöglichungszusammenhang* (als Kausalitätsmodus). Zwar sind Handlungen stets aktantengebunden, nicht aber die im Kulturprogramm «vorgehaltenen» Sinnoptionen, mit deren Hilfe Aktanten eigene und fremde Handlungen mit einem gesellschaftlich kommunizier*baren* Sinn belegen, und das heißt, sie verstehen bzw. interpretieren können. – Diese Zusammenhänge werden in Kapitel 5 unter der Überschrift Geschichten&Diskurse näher bestimmt.

4. ZWISCHENFAZIT 1

Wie in der Vorbemerkung ausgeführt, gibt es bei allem, was Menschen tun und lassen, offensichtlich ein Grundproblem, und zwar das *Verhältnis zwischen Selektion und Kontingenz*. Da wir zu einem bestimmten Zeitpunkt immer nur eine von vielen Möglichkeiten verwirklichen können, ist jede unserer Setzungen selektiv und, wegen der ausgeschlossenen Alternativen, kontingent. Selektivität und Kontingenz bedingen sich gegenseitig.

Diese risikoreiche Situation muss in irgendeiner Weise verbindlich geregelt werden, soll ein Zusammenleben von Aktanten in Gesellschaften möglich sein. Das heißt, die Bearbeitung von Kontingenz muss für alle vergesellschafteten Aktanten sozial verbindlich geregelt werden. Damit ist das zweite Grundproblem jedes gesellschaftlichen Lebens markiert, nämlich der erfolgreiche *Ausgleich der Unvermeidbarkeit von kognitiver Autonomie und der Notwendigkeit sozialer Orientierung.*

Die erste und grundlegende Lösung dieses Problems ist in den letzten Kapiteln besprochen worden. Sie liegt darin, dass das Kulturprogramm einer Gesellschaft die zugelassenen Bezugnahmen auf das Wirklichkeitsmodell der Gesellschaft für Aktanten durch entsprechende soziale Unvermeidbarkeiten regelt. Damit wird durch das autokonstitutive Zusammenwirken von Wirklichkeitsmodell und Kulturprogramm in einem Wirkungszusammenhang universelle (unspezifische) Kontingenz durch spezifische (selektive) Kontingenz «bearbeitet». Diese kontingente Bearbeitung von Kontingenz wirkt sich im Handeln und im Kommunizieren aus als der berühmte blinde

Fleck. Damit wird die dem Beobachter zweiter Ordnung durchaus zugängliche Beobachtung der Bearbeitung von Kontingenz durch Kontingenz für Aktanten in Geschichten und Diskursen durch Kultur invisibilisiert, also der Beobachtung entzogen – die Aktanten bleiben auf diese Weise handlungsmächtig durch Abblenden des Nicht-Beobachteten in ihrem Handlungsskopus. Und da jeder Aktant in der Regel stillschweigend unterstellt, dass alle anderen im Schatten desselben blinden Flecks operieren, wird durch Reflexivierung eine Ko-Orientierung aller Aktanten auf denselben Wirkungszusammenhang von Wirklichkeitsmodell & Kulturprogramm ermöglicht. Haltlosigkeit als Konsequenz der Kontingenz wird in der Reflexivität der operativen Fiktionen in ein tragendes System von Orientierungs-Orientierungen verwandelt, das kognitive Autonomie und soziale Orientierung dadurch miteinander versöhnt, dass die Systemspezifik aller Setzungen sich selbst an fiktiv unterstellten sozialen Orientierungsmöglichkeiten orientiert. Mit anderen Worten, kognitive Systeme überspringen gewissermaßen die Unmöglichkeit, sich gegenseitig durch direkte Intervention zu steuern, indem sie sich an selbst konstituierten Steuerungsgrößen orientieren, die sie für sozial effektiv und legitim halten. Die Beobachtung, dass solche Selbstorientierungen tatsächlich funktionieren, führt automatisch zur Invisibilisierung der Kontingenz jeder Setzung, die erst Beobachter von Beobachtern beobachten können. Für sie stellt das Kulturprogramm in aller Regel kulturelle Werte zur Verfügung, die den Schock der Latenzbeobachtung (der universellen Kontingenz) zu ertragen erlauben, etwa Werte wie Weisheit oder Klugheit, Besonnenheit oder Humor. Aber bekanntlich entkommen auch Beobachter zweiter Ordnung nicht dem Kontingenzdilemma, das sich in der Beobachtungshierarchisierung ausdrückt; auch der Beobachter zweiter, dritter (und höherer) Ordnung hat seinen blinden Fleck – aber schließlich erlaubt der ihm ja allererst das Sehen von Etwas. Darum ist die Invisibilisierung von Kontingenz die grundlegende Voraussetzung für unsere Wirklichkeitserfahrung, der es an Gewissheit deswegen nicht mangelt, weil sie unsere Gegenwart ausfüllt.

5. GESCHICHTEN UND DISKURSE

Nach unserer Lebenserfahrung sind alle unsere Handlungen und Kommunikationen eingebunden in Zusammenhänge von vorangegangenen und nachfolgenden Handlungen und Kommunikationen. Diese Zusammenhänge integrieren aber nicht alle beliebigen Handlungen und Kommunikationen in unserer Umwelt, sondern nur solche, auf die wir uns beziehen (können). Solche Zusammenhänge sind also in Bezug auf die Gesamtheit aller Handlungen und Kommunikationen in einer Gesellschaft höchst selektiv und verschaffen sich durch Differenzsetzung sinnhafte Kohärenz und Identität – es geht um ebendiesen mich betreffenden Zusammenhang und keinen anderen. Durch diese Selektivität, die mögliche Anschlüsse auswählt, entstehen notwendigerweise äußere und innere Ordnungen, die Handlungen und Kommunikationen eines Aktanten und für einen Aktanten zu synthetisieren erlauben und in reflexiver Bezugnahme auf solche Zusammenhänge deren Kommunizierbarkeit ermöglichen. Diese Kommunizierbarkeit beglaubigt wiederum sozial diese Synthetisierung – nicht zuletzt deshalb, weil solche Kommunikationen konventionalisierte Erzählschemata verwenden und weil sie im typisierten Rahmen bestimmter Gattungen vollzogen werden.

Mit anderen Worten: Die Selektivität der Bezugnahmen auf Handlungen und Kommunikationen in unserer Umwelt sowie die Möglichkeit reflexiver Bezugnahmen auf diese Selektivität generiert durch die Logik des eigenen Verfahrens handlungs- und kommunikationsbezogene symbolische Ordnungsmechanismen, die ich im Folgenden als «Geschichten» und «Diskurse» bezeichne.[*]

---

[*] Bei den Überlegungen zu «Geschichten» beziehe ich Denkanregungen des leider fast völlig vergessenen Phänomenologen und Rechtsphilosophen Wilhelm

Unter *Geschichte* verstehe ich einen unter einer Sinnkategorie (von sinnvoll bis sinnlos) geordneten Zusammenhang von Handlungsfolgen eines Aktanten. Geschichten entstehen durch die intrinsische Verkettung bzw. Vernetzung von Handlungen in der Weise, dass jede Handlung als Setzung von Voraussetzungen zur Voraussetzung für nachfolgende Handlungen wird und so weiter. Aktanten fangen nirgendwo voraussetzungslos an, sondern sie fahren fort mit Setzungen auf dem «Plafond» vielfältiger Voraussetzungen.

Jeder Aktant lebt seine und lebt in seiner Geschichte aus Geschichten, also in einem von ihm selbst bewusst geordneten oder aber sich in seiner Lebenspraxis gleichsam selbst ordnenden Zusammenhang von Handlungsfolgen, den er durch Bezug auf sich zu für ihn sinnvollen Geschichten synthetisiert – wer außer ihm könnte und sollte das auch sonst tun. Unsere Geschichten schließen an unsere Geschichten an, aber sie können auch an Geschichten anderer Aktanten anschließen, wenn eine Möglichkeit gemeinsamer Interpretation genutzt wird. In diesem Fall leben mehrere Aktanten für eine gewisse Zeit partiell eine gemeinsame Geschichte, die aber bei keinem der Aktanten identisch ist.

Unsere eigenen Geschichten, heißt das, lassen sich bestimmen als Einheit der Differenz von eigenen und fremden Geschichten, also von Geschichten, die wir selbst erleben, und solchen, von denen wir in irgendeiner Form Kenntnis haben.

Unsere Geschichten «sind» das, in dem wir uns vorfinden bzw. genauer: in das wir uns versetzen, wenn wir uns reflexiv auf einen möglichen Zusammenhang unserer Handlungen beziehen und uns in diesem Bezug zu lokalisieren und zu interpretieren versuchen. Aus diesem Grund sind Geschichtensynthetisierungen auch für unsere Identitätsbildung (siehe Kapitel 11) von großer Bedeutung. Geschichten bestehen nicht ein für alle Mal, sondern wir lassen sie entstehen. Als Ergebnisse sind sie Reflexionsprodukte, die ständig

Schapp mit ein, ohne seine «Philosophie der Geschichten» (1953/1959) en bloc zu übernehmen.

neu generiert werden und darum auch für die in sie Verstrickten nie identisch sind. Nur «in Geschichten Verstrickte» – so lautet die kanonische Formulierung W. Schapps – können überhaupt die Überzeugung entwickeln, es «gäbe» so etwas wie ihre Geschichten, über die sie kommunikativ Auskunft geben können.

Geschichten werden hier modelliert als sinnvolle dynamische Ordnungsmuster von und für Bezugnahmen, die Relationierungen erlauben. Erst durch Relationierungen entstehen überhaupt Handlungen als interpretative *Kompaktformen* für sinnvolle Ereignisse oder Geschehnisse. Handlungen stehen immer in einer Abfolge von Handlungen. Geschichten ihrerseits stehen immer in einer sinnbestimmten Abfolge von Geschichten, selbst wenn sie uns gelegentlich als sinnlos erscheinen. Geschichten gehen aus Geschichten hervor, und sie gehen in andere Geschichten über. Genau genommen müsste man sagen, dass auch Geschichten wie Handlungen oder Bewusstseinsvorgänge «nichts anderes sind», und das heißt: nicht anders erlebt werden können als *Übergänge*, deren Kontinuität wir im Denken oder Kommunizieren (kontrafaktisch) unterbrechen, um sie durch Strukturbildung beobachtbar und beschreibbar zu machen, während sie weiterlaufen. Beobachtbares (Diskontinuität) und Nicht-Beobachtbares (Kontinuität) sind strikt komplementär (S. Jünger 2002, 45). Erst durch Diskontinuierung, also durch Unterbrechen von Abläufen, kommen wir zu Strukturbildungen (Beobachtungen, reflexiven Differenzierungen), die eine Nichtbeachtung von Dynamik ermöglichen.

Aus den bisherigen Überlegungen sind demnach zwei Konsequenzen zu ziehen:

- Geschichten sind Reflexions- bzw. Diskursprodukte, die durch Bezugnahmen als Synthetisierungen von Ereignisabfolgen entstehen.
- Da Reflexivierung im Bewusstsein und Denken narrative Schematisierungen (Kommunikationsmuster) in Anspruch nimmt, ist Geschichtenbildung eng mit Kommunikation verbunden. Die

Selbstkommunikation von Bewusstsein und Denken ebenso wie die interaktive Kommunikation setzt Kommunikationsmuster der verschiedensten Art voraus und bestätigt sie laufend durch kommunikativen Erfolg. Mit anderen Worten, Kognition nimmt notwendigerweise Sprach- und Kommunikationsordnungen für das eigene Prozessieren in Anspruch.

Zusammenfassend lässt sich sagen: Geschichten und Diskurse «sind» das, was mir den Rückzug ebenso verbaut wie Anfänge und Enden. Aus Geschichten und Diskursen gelangt man immer nur in andere Geschichten und Diskurse, und dieser Übergang wird als ein spezieller Zusammenhang von Geschichten und Diskursen erlebt und interpretiert.

Wie W. Schapp zu Recht betont, werden Geschichten nicht erkannt, sondern *gedeutet*. Dabei muss zwischen der Beobachtung erster und zweiter Ordnung unterschieden werden. Für die in Geschichten verstrickten Aktanten ist deren Deutung von Handlungen der Modus des Vollzugs ihrer Geschichten. Für den Beobachter einer Geschichte oder für Aktanten, die eine Geschichte im Nachhinein beobachten, vollzieht sich deutende Beobachtung als Vollzug eines anderen Geschichtenzusammenhangs. Beobachter und Beobachteter leben unterschiedliche Geschichten und Diskurse, die nicht miteinander verwechselt werden dürfen. Daher stellt sich auch die Frage nach der Richtigkeit einer Deutung nicht abstrakt und prinzipiell, sondern immer in Gestalt der Eröffnung und Durchführung einer anderen Geschichte, in die nun Beobachter und Beobachteter (partiell) gemeinsam verstrickt sind, um in Feed-back-Schleifen die Qualität und Akzeptanz der Deutung zu ermitteln. Beobachtung, heißt das, ist nie neutral oder objektiv vollziehbar, sondern immer nur mitverstrickt, partizipierend, involviert. – Das Guckkasten-Modell von Beobachtung hat schon Heinz von Foerster ironisch ausrangiert.

Geschichten steuern die Selektivität des Bezugs auf unsere Umwelt (und unsere Umwelt «ist» ja nichts anderes als der systemische Zusammenhang unserer Umweltkontakte), indem sie die Differenz zu anderen Geschichten erkennbar ausnutzen. Mit anderen Worten: Unsere Geschichten sind differenziell bezogen auf die Gesamtheit all der anderen Geschichten, die wir in unseren Geschichten bemerken oder beobachten, also von denen wir in irgendeiner Form Kenntnis haben.

Geschichten resultieren aus der Handhabung einer doppelten Referenz, nämlich Selbstreferenz und Fremdreferenz. Wir erfahren daher unsere Geschichten als Einheit der Differenz von eigenen und fremden Geschichten, von erlebten und nicht erlebten Geschichten. Insofern bildet die Einheit der Differenz unserer eigenen und fremden Geschichten für uns den Modus der Gegebenheit bzw. Verfügbarkeit von Wirklichkeit wie von Gesellschaft.

Wie oben erläutert, sind Geschichten ohne Kommunikation nicht zu denken. Auch unsere Kommunikationen stehen in einem zeitlich, formal und thematisch bestimmbaren Zusammenhang. Die Zirkulation von Wissen vollzieht sich als permanenter Übergang von Setzungen zu Voraussetzungen zu Setzungen zu Voraussetzungen und so weiter.

Die Selektionsmuster für die interne Ordnung unserer Kommunikationen in jeweiligen Geschichten, die durch thematische und formale Spezifika (in Syntax, Stilistik, Metaphorik, Gattungsformen, Darstellungsmuster und dergleichen mehr) bestimmt sind, bezeichne ich als *Diskurs*. Wie Geschichten resultieren auch Diskurse aus der Handhabung von Selbstreferenz und Fremdreferenz, die durch die Differenz von Beiträgen und Themen bestimmt wird. Diskurse selegieren diejenigen Beiträge, die nach der internen Logik sowie nach der sozialen Positionierung der jeweiligen Diskurse thematisch und formal aneinander anschließbar sind, und synthetisieren sie dadurch zu einem sinnvollen Kommunikationsgeschehen, dass nur thematisch und formal passende Beiträge geleistet werden dürfen. Auf diese Weise selegieren Diskurse nicht nur Beiträge, sondern auch Beiträger. Nicht jeder Aktant kann an jedem Diskurs teilnehmen, wobei die Teilnahmeberechtigung sowohl sozial geregelt als auch zufällig sein kann – an einem Seminar mit Teilnahmebegrenzung können nur eingeschriebene Studierende partizipieren, am Gespräch in der Kneipe im Prinzip jeder Gast.

Die Spezifik der Diskurse, die in ihrer Gesamtheit die Ordnung des Kommunikationssystems einer Gesellschaft ausmachen, konstituiert zugleich deren Kontingenz wie deren Identität. Die universale Kontingenz wird für den einzelnen Kommunikationsteilnehmer jedoch invisibilisiert, indem er dank seiner Verstrickung in ganz bestimmte Diskurse der Reflexion darauf enthoben wird, warum er nicht an anderen Diskursen teilnimmt. Auch die Diskurse, an denen wir aktiv teilnehmen, stehen in einem Differenzverhältnis zu den Diskursen, in die wir uns nicht einmischen bzw. in die wir nicht hineingezogen werden. Darum kann die Selektivität unserer Diskursbeteiligungen für unser Identitätsmanagement genutzt werden. (Sage mir, in welche Diskurse du verstrickt bist, und ich sage dir, wer du sozial «bist».)

Unsere Geschichten und Diskurse (bzw. Diskursbeteiligungen) sind aufeinander bezogen bzw. gewissermaßen ineinander «eingelagert». Diskursbeteiligungen vollziehen sich in Geschichten, Geschichten sind Gegenstand von Diskursen und umgekehrt. Geschichten und Diskurse bilden in ihrer Gesamtheit einen eigenen komplementären Wirkungszusammenhang, der in der Beobachtung doppelt perspektivierbar ist, einmal als Geschichte (Handlungszusammenhang), zum anderen als Diskurs (Kommunikationszusammenhang). Um diese Komplementarität auch optisch zu markieren, notiere ich diesen Wirkungszusammenhang als Geschichten&Diskurse. Die interne Ordnung von Geschichten&Diskursen resultiert aus der Orientierung unserer Handlungen und Kommunikationen auf den «übergeordneten», weil abstrakteren Wirkungszusammenhang von Wirklichkeitsmodell&Kulturprogramm. Daher kann Gesellschaft unter dieser Perspektive beschrieben werden als die Einheit der Differenzen von Geschichten&Diskursen der Gesellschaftsmitglieder, und das heißt all der Aktanten, die diese kulturell geregelte Ordnung der Bezugnahmen akzeptieren und praktizieren.

Die Verquickung der beiden Prozesszusammenhänge wird deutlich, wenn man sich die *Komponenten* von Geschichten&Diskursen genauer ansieht, nämlich Handlungen und Kommunikationen (zu Einzelheiten unten mehr). Handlungen als aktantenbasierte Prozesse werden als Instantiierungen von *Handlungsschemata* aus dem Repertoire von Wirklichkeitsmodellen&Kulturprogrammen vollzogen, die als gesellschaftlich konventionalisierte Schemata (bzw. als operative Fiktionen der kollektiven Erwartung kollektiver Erwartungen) den Sinntyp der je einzelnen Handlung definieren. Handlungen werden gewissermaßen nach der Anweisung des Handlungsschemas aufgeführt und «gelesen» bzw. interpretiert. Diese «Lektüre» synthetisiert die zeitliche Abfolge von Elementarereignissen zu einer bestimmten Handlung (Fenster öffnen und nicht Fenster streichen). Handlungen können mithin doppelt beobachtet werden, und zwar sowohl in Richtung auf die Abfolge der ablaufenden Prozesse bzw. Operationen als auch in Richtung auf die ordnungsstiftenden Kohärenzmuster dieser Prozesse im Sinnrahmen eines bestimmten Handlungsschemas.

Alle Handlungen, in die ich verstrickt bin bzw. von denen ich Kenntnis habe, bilden demnach die Geschichtenkomponente meines Wirkungszusammenhangs Geschichten&Diskurse.

Auch Kommunikationen vollziehen sich im Modus der Bezugnahme auf Kommunikationsschemata, die als operative Fiktionen die Lesart der Kommunikation(skomponenten) vor-orientieren. Kommunikationen werden handelnd vollzogen, sie nehmen Zeit in Anspruch und ereignen sich in Handlungskontexten. Alle Kommunikationen, in die ich verstrickt bin bzw. von denen ich Kenntnis habe, bilden die Diskurskomponente meines Wirkungszusammenhangs Geschichten&Diskurse.

Während wir intuitiv den Eindruck haben, dass unsere Geschichten uns unmittelbar und vollständig «gehören», weil wir die Notwendigkeit der sozialen Bestätigung unserer Handlungen leicht übersehen, sind wir in Diskurse offensichtlich nur mit-verstrickt, weil für Diskurse evidentermaßen Kommunikationspartner erforderlich sind.

An Geschichten und Diskursen lassen sich durch *Temporalisierung* der Beobachtung drei Aspekte voneinander unterscheiden: Geschichten&Diskurse bilden als erwartungsorientierender Wirkungszusammenhang die *Voraussetzungen* für alles, was sich in Geschichten und Diskursen abspielt (und alles menschliche Geschehen spielt sich nach der hier vorgetragenen Argumentation in Geschichten und Diskursen ab). Geschichten&Diskurse vollziehen sich in Form von *Prozessen*, die mit Hilfe der Differenz Geschichte/Diskurs verstanden und bewertet werden; und Geschichten&Diskurse sind stets *Ergebnisse* voraussetzungsreicher Prozesse, die zu Voraussetzungen anschließender Geschichten und Diskurse werden.

In den Duktus dieser Überlegungen gehört auch die Annahme, dass Geschichten und Diskurse nicht in irgendeinem Abbildungs- oder Repräsentationsmodus aufeinander bezogen sind, sondern im Modus des *Zueinanderpassens*. Erst wenn diese Bedingung erfüllt ist, die eine der grundsätzlichen Erwartungen an Geschichten und Diskurse ausmacht, erleben Aktanten sie als befriedigend, wobei die Kriterien für das Zueinanderpassen so vielfältig sind wie Geschichten und Diskurse selbst.

Das Startmanöver, mit Geschichten und Diskursen zu beginnen, impliziert wohlgemerkt keine prozessjenseitigen ontologischen Annahmen. Es nutzt lediglich den bekannten Mechanismus von Setzung und Voraussetzungen, der impliziert, dass jede Setzung – ob als Handlung, Gedanke oder Beschreibung – notwendigerweise zu einem bestimmten Zeitpunkt und in einer bestimmten Situation erfolgt und sich auf zwei Voraussetzungen stützt: auf die Voraussetzung vorangegangener Setzungen (will man nicht einen absoluten Anfang postulieren) sowie auf die Voraussetzung der Einheit der Differenz von Kategorien und semantischen Differenzierungen (will man nicht eine absolute Sinnstiftung reklamieren). Als operatives Geschehen (Prozess) wie als Sinnproduktion sind Setzungen nur möglich im Voraussetzungskontext von Geschichten&Diskursen – oder wie immer man diese beiden Komponenten des Wirkungszusammenhangs auch nennt. Seine grundlegende Bedeutsamkeit erhält dieser Wirkungszusammenhang dadurch, dass in ihm die Sinnpotenziale des stets und notwendigerweise vorausgesetzten Wirkungszusammenhangs von Wirklichkeitsmodellen&Kulturprogrammen auch tatsächlich situations- und aktantenspezifisch genutzt werden. Die Ordnungspotenziale von Wirklichkeitsmodellen&Kulturprogrammen werden erst in den Ordnungsmustern für Handlungen und Kommunikationen in Geschichten&Diskursen zu empirisch relevanten Directricen.

Die Differenz Geschichte/Diskurs kann in jede Seite der Unterscheidung selbst wieder eingetragen werden. Die Einheit der Differenzen Geschichte/Diskurs und Diskurs/Geschichte sichert die Identität von Geschichten&Diskursen. Anders formuliert: Geschichten&Diskurse wird angesehen als ein komplexer dynamischer Wirkungszusammenhang, der die Einheit der Differenz Prozess/Sinnorientierung (oder Prozess/Strukturbildung) gewährleistet. Der Wirkungszusammenhang Geschichten&Diskurse darf also nicht als bloßes Aggregat von Komponenten verstanden werden. Vielmehr integriert er in kommunizierbarer Weise für jeden Aktanten Erinnerungen, Erwartungen und Erfahrungen sowie Erleben, Erkennen und Bewerten, und zwar sowohl empirisch als auch konzeptuell.

Geschichten und Diskurse liefern Erwartungs- und Deutungsmuster für das Erleben und Erfahren der Aktanten, wodurch über Anschlussmöglichkeiten entschieden wird. Geschichten und Diskurse entstehen aus und bestehen durch Relationalität und Reflexivität – ohne Bezugnahme keine Wirksamkeit und keine Kommunizierbarkeit. Sie sind strukturell aneinander gekoppelt, und zwar komplementär und kooperativ, wodurch beide ihre Komplexität erhöhen. Als Wirkungssystem erhalten sie alle Eigenschaften aus wirksamen Relationen zwischen ihren Konstituenten. Geschichten sind in Geschichten verstrickt, Diskurse in Diskurse. Geschichten sind in Diskurse verstrickt und Diskurse in Geschichten.

Geschichten und Diskurse integrieren Sprache und Lebensformen (im Sinne von L. Wittgenstein). Sie sind das von Aktanten handelnd, erkennend und kommunizierend Erreichbare (mit diffusen Rändern) und machen die Wirklichkeiten der Aktanten aus. Geschichten sind Kopplungsinstrumente, Embodiment und Emergenz – je nach Beobachtung und Beschreibung. Im Wirkungszusammenhang Geschichten&Diskurse wird kollektives Wissen aufgebaut, das in jedem kognitiven Prozess immer neu von Aktanten nach sozialen Regeln konstruiert und genutzt werden muss – Wissen ist Handeln. Dieses (fiktiv) bei allen Ko-Aktanten reflexiv unterstellte Wissen sorgt einerseits für die Integration von Aktanten in Geschichten&Diskurse und ermöglicht andererseits eine hinreichend tragfähige Integration aktantengebundener Geschichten und Diskurse in «die Gesellschaft». Entgegen der traditionellen Separierung von Individuum und Gesellschaft bietet das Geschichten&Diskurse-Konzept daher die Möglichkeit, von einem geschlossenen Wirkungszusammenhang mit zwei *Beobachtungsmöglichkeiten* auf *jeder* Komponentenebene zu sprechen: Aktant/Gesellschaft, Prozess/Struktur, Bewusstsein/Kommunikation, wobei diese Komponentenpaare wiederum als komplementär gedacht werden müssen.

«Verstricktheit» in Geschichten&Diskursen beschreibt zugleich eine Grundbefindlichkeit (= es lässt sich für Aktanten kein empirisch angebbarer Ort jenseits von Geschichten&Diskursen denken, weil selbst die Reflexion dieser Grundbefindlichkeit in einem Geschichten&Diskurse-Zusammenhang abläuft) wie auch ein prekäres Verhältnis zwischen Freiheit und Verstricktheit. Für die Verstrickung in bestimmte Geschichten&Diskurse können wir uns entscheiden, bei anderen haben wir dagegen keine Wahl. Außerdem variieren Bewusstseinsfähigkeit und Bewusstseinspflichtigkeit unserer Verstrickungen erheblich. Aus diesem Grund können und werden Beobachter unsere «Verstrickungslage» normalerweise ganz anders einschätzen als wir selbst. Das heißt, auch in partiell gemeinsam gelebten bzw. interpretierten Geschichten bleibt die Systemspezifik unaufhebbar, wie zum Beispiel alle Familien(mitglieder) wissen, die trotz vieler Gemeinsamkeiten nie «eines Sinnes» sein können.

Wenn wir in Geschichten&Diskurse verstrickt sind, die sich ihrerseits auf den Wirkungszusammenhang von Wirklichkeitsmodell&-Kulturprogramm beziehen, wenn, anders formuliert, all unsere Setzungen von Voraussetzungen konstituiert werden, die wir Aktanten in keiner Gegenwart einholen können, dann wird verständlich, dass wir immer *verspätet* sind. Unser Gehirn muss bereits gearbeitet haben, ehe uns etwas zu Bewusstsein kommen kann; wir müssen Sprachkompetenz erworben haben, ehe wir uns darüber klar werden können, dass wir eine Sprache sprechen; um zu wissen, dass wir in einer «Kultur» leben, müssen wir bereits Teile eines Kulturprogramms anwenden können; die Gegenwart können wir nur in der Gegenwart erleben, die wir nur als vergangene Gegenwart beschreiben können und so weiter. Auch diese Überlegung spricht gegen die Möglichkeit eines voraussetzungslosen Anfangs. Und sie spricht weiterhin gegen die Wahrscheinlichkeit subjektunabhängiger Erkenntnis und die Erreichbarkeit von objektiver Wahrheit. Kein Mensch schlägt unschuldig, soll heißen, jenseits der kontingenten Bedingungen der Möglichkeit seines Handelns, die Augen auf.

Um es noch einmal zu betonen: Geschichten und Diskurse werden hier nicht als Anfangsgründe postuliert, auf denen systematisch eine Theorie aufgebaut wird. Auch geht es nicht um ein Startmanöver des Typs «Geschichten und Diskurse gibt cs!». Vielmehr dienen die Konzepte ‹Geschichte› und ‹Diskurs› zur beschreibenden Synthetisierung lebensweltlicher Erfahrungen, die in ihrer Plausibilität nicht sinnvoll in Frage gestellt werden können, weil sie die Voraussetzungen dieser Erfahrungen bestimmen. Nur in Kommunikationszusammenhängen können wir etwas als etwas behaupten oder beschreiben, so wie dies hier geschieht, wobei – wie J. Mitterer stets betont – das Objekt der Beschreibung nicht von der Beschreibung des Objekts separiert werden darf, will man nicht in Dualismen verfallen. Nur in aufeinander folgenden und miteinander verknüpften Handlungen können wir Übergänge von *a* nach *b*, von *vorher* zu *nachher* oder von *weil* zu *deswegen* herbeiführen und als Handlungen eines bestimmten Typs erleben und beschreiben. Es geht also bei den hier vorgetragenen Überlegungen nicht etwa um die Behauptung der Existenz oder Nicht-Existenz von Geschichten und Diskursen, sondern ausschließlich darum, was mit Hilfe dieser Konzepte in Diskursen erreicht werden kann und welche Anschlüsse erzielbar sind.

In Beobachterdiskursen kann es wohlgemerkt auch nicht darum gehen, ob Geschichten und Diskurse richtig oder falsch beschrieben werden; denn das würde voraussetzen, dass unsere Beschreibungen sie als etwas im «Diskursjenseits» (im Sinne J. Mitterers) Existierendes zu erreichen versuchen müssten. Stattdessen fixieren diese Konzepte terminologisch die Überlegung, dass für uns nur etwas geschieht, wenn wir Setzungen vollziehen, dass diese Setzungen Voraussetzungen und Folgen haben und dass wir für einen sinnvollen Umgang mit Setzungen und Voraussetzungen handlungspraktische und semantische Ordnungen brauchen, die aus bloßen Ereignisfolgen sozial kommunizierbare Zusammenhänge in Form von Handlungen und Kommunikationen herzustellen erlauben. In dieser Perspektive besteht die Aufgabe von Geschichten und Diskursen darin, auf der spezifischen Synthetisierungsebene, die sie darstellen, Kontingenz durch Kontingenz zu bearbeiten, indem Aktanten durch den Bezug auf den Wirkungszusammenhang von Wirklichkeitsmodell&Kulturprogramm über sozial viable Sinngebungsmöglichkeiten für Erfahrungen, Handlungen und Kommunikationen verfügen.

Insofern erzwingt die Logik von Setzung und Voraussetzung die Annahme eines Wirkungszusammenhangs Geschichten&Diskurse als Ordnungsinstrument konkreter Setzungen jeglicher Art. Die kontingenten Ordnungen der Geschichten und Diskurse blenden kognitiv und kommunikativ erfolgreich universelle Kontingenz ab und geben spezifischen Kontingenzbearbeitungen so viel lebenspraktischen Halt, dass Gesellschaft funktionieren kann.

6. HANDELN

In den bisherigen Überlegungen zu Geschichten und Diskursen sind Geschichten theoretisch als Modi der Synthetisierung von Handlungen aus Ereignissequenzen modelliert worden. Dabei ist der Handlungsbegriff noch nicht näher erläutert worden, obwohl er zu den grundlegenden Begriffen des hier vorgelegten Theorieentwurfs gehört. Das soll im Folgenden nachgeholt werden.

Die Grundform aller unserer Bezugnahmen über dem basalen Mechanismus von Setzung (operativer Aspekt) und Voraussetzung (Sinnorientierung) nenne ich Handeln. Durch seine Bindung an diesen grundlegenden Mechanismus ist alles Handeln «verstrickt» in den komplementären Zusammenhang von Selektion und Kontingenz: Wir tun dieses und nicht etwas anderes, und wir tun es auf diese Weise, obwohl auch eine andere denkbar ist. Die Kontingenz unseres Handelns wird «bearbeitet» durch *Schematisierung*, die einzelne Ereignisse einem bestimmten Handlungstyp zuordnet. Handlungstypen stehen uns im Rahmen des Kulturprogramms zur Verfügung. Wie bei allen Sinnorientierungen nehmen wir auch bezüglich von Handlungstypen an, dass wir ihre Kenntnis mit anderen teilen: «Man weiß», wie man einkauft, mit dem Bus fährt oder Wein einschenkt. Schemawissen gehört zu den operativen Fiktionen, mit deren Hilfe wir im Wirkungszusammenhang von Geschichten&Diskursen Kontingenz bearbeiten und damit Handlungssicherheit erwerben, die erst in Beobachtungen zweiter Ordnung erschüttert werden kann.

Handeln vollzieht sich als Synthetisierung der *Übergänge* von einem Ereignis zum anderen. (Jemand zieht die Hand aus der Manteltasche, führt sie zum Hut und lüftet diesen: eine förmliche Gruß-Handlung ist vollzogen worden.) Für solche Synthetisierungen stellen die Handlungsschemata sinnvolle Kontingenzunterbrecher zur Verfügung, die Handlungen gleichsam zu sozial relevanten Kompaktformen werden lassen. (Ist ein Gruß-Partner in Sichtweite, wird die Gruß-Handlung von Beobachtern nicht als Belüftung der Kopfhaut, als Verscheuchen von Fliegen oder als neurotischer Tick des Hutträgers interpretiert.)

Über diesen Modus ist Handeln notwendig mit *Zeit und Raum* verbunden; denn obwohl sich Handlungen als Synthetisierungen von Ereignissen qua Subsumtion unter typisierende Schemata beschreiben lassen, können sie nur als in zeitlich konkreten Situationen ablaufend gedacht werden. Als operative Fiktionen müssen sie vom Handelnden selbst und von anderen als diese oder jene spezifische Handlung zugeschrieben werden. Auch hier kommt wieder der von S. Jünger herausgearbeitete Modus zum Tragen: Erst durch bewusste Reflexivierungen in Beobachtungen und Beschreibungen können Ereignisfolgen als ununterbrochene Übergänge diskontinuiert und damit als Handlung einer bestimmten Art strukturiert werden.

In diesen komplizierten Zusammenhängen zeigt sich Handeln – neben Identität als Funktion attribuierter Handlungskohärenz – eng verbunden mit anderen Resultaten von Reflexivierungsmanövern, so mit Moral und Wahrheit. Mit Identität ist Handeln insofern verbunden, als die beobachtete Selbsteinschätzung durch andere mit der eigenen Selbsteinschätzung abgeglichen wird (siehe Kapitel 11), mit Moral insofern, als jede Form der Bezugnahme auf andere Aktanten im Hinblick auf moralische Orientierungsprinzipien bewertet wird (siehe Kapitel 12), und mit Wahrheit insofern, als jede Form von handlungsleitendem Wissen automatisch auf seine Wahrheit (mit)geprüft wird (siehe Kapitel 13).

Im Folgenden sollen diese abstrakten Eingangsüberlegungen, die zunächst nur an die Eckdaten der bisher vorgelegten Argumentation erinnern sollen, näher erläutert werden.

Im Hinblick auf die genannte *Schema*-Problematik ist Folgendes zu beachten: Eine der berühmtesten Formeln, die N. Luhmann in die systemtheoretische Diskussion eingebracht hat, ist die von der «Reduktion von Komplexität». Genau besehen impliziert diese Formel eine dualistische Epistemologie, die den Bestand von Komplexität in der Umwelt von Systemen als objektiv gegeben voraussetzt und dann darauf achtet, mit welchen Mitteln das Übermaß von Komplexität auf ein vom System beherrschbares Maß reduziert wird. In der hier skizzierten nicht-dualistischen Konzeption muss die Argumentation geradezu umgekehrt werden. Systeme *reduzieren* nicht Komplexität, sondern sie *erzeugen* durch ihr Operieren systemspezifische und systemverträgliche Komplexität. Dabei spielen Schemata und Schematisierungen eine doppelte Rolle. Zum einen entlasten sie kognitive und kommunikative Prozesse von sonst erforderlichen Synthetisierungsoperationen und Kontrollbeobachtungen (und beschleunigen dadurch diese Prozesse erheblich), zum anderen erlauben sie durch die faktisch mitlaufende Bewertung von Schemata als sozial relevanten Ordnungsmustern Sozialität, obwohl die Aktanten nur strikt systemspezifisch operieren können (das besagt die Formel von der «kognitiven Autonomie»). Kognitive wie kommunikative Schemata dienen nicht etwa dazu, vorgefundene oder gewusste Komplexität schematisch zu reduzieren (und damit aus dualistischer Sicht zu verzerren), sondern dazu, Komplexität allererst zu konstituieren, indem die jeweils handelnden Systeme ihre Mittel der Wirklichkeitskonstruktion Geschichten&Diskurse-spezifisch zum Tragen bringen.

Streng genommen können wir deshalb – wie eingangs erwähnt – keine *Handlungen* beobachten, sondern immer nur Ereignis- oder Geschehensfolgen von Aktanten in Geschichten&Diskursen, die wir als Beobachter meist automatisch unter ein bestimmtes Handlungsschema subsumieren und dadurch *als* diese oder jene Handlung einschätzen. Was immer wir mit diesen Begriffen belegen, resultiert notwendigerweise aus unseren Unterscheidungen; also ist ‹Handeln› als *Beobachterkategorie* zu konzipieren. (Wer nicht weiß, dass man durch Hutheben eine förmliche Gruß-Handlung vollzieht, bekommt Schwierigkeiten bei der Synthetisierung der oben skizzierten Ereignisabfolge.) Handeln wird Aktanten zugeschrieben, sei es in Form von Selbstzuschreibungen oder von Fremdzuschreibungen. Diese Zuschreibung hat einen Sinn und eine Funktion, sie ist erwünscht oder unerwünscht, akzeptabel oder inakzeptabel, sie kann gelingen oder misslingen. Sie steht im Zusammenhang von Lob oder Tadel, Anerkennung oder Ablehnung, Belohnung oder Bestrafung in Geschichten und Diskursen. Handeln ist von Handlungsträgern ebenso wenig zu trennen wie von affektiven, moralischen und empraktischen Einschätzungen. Insofern sind Handlungen aus der Sicht der Aktanten wie der Beobachter «Interpretationskonstrukte» (im Sinne von H. Lenk), die keineswegs identisch sein müssen, ja vielleicht gar nicht identisch sein können, weil der Handelnde und der Beobachter des Handelnden in unterschiedliche Geschichten verstrickt sind bzw. unterschiedliche Geschichten leben.

Die Beobachtungsvariation Sinnorientierung/Prozess führt also zu dem Resultat, dass zwischen Handeln als Prozess in Zeit und Raum und Handlungsschemata als Sinnschemata sowie zwischen Endo- und Exobeobachtungen und Deutungen von dem, was als welche Handlung gesehen bzw. gelebt wird, deutlich unterschieden werden muss. In beiden Beobachtungsperspektiven spielen die Themen *Intentionalität* und *Handlungsrationalität* eine ganz verschiedene Rolle. Beobachter einer Handlung fragen vor allem nach der Intention des Handelnden, um ihre Beobachtungen seines Handelns in ihre eigenen Handlungsschemata und Handlungserwartungen einordnen zu können. Dem Handelnden dagegen geht es primär um eine erfolgreiche Bewältigung von Situationen bzw. um Problemlösungen, die mit vorgefassten, in der Handlung selbst bewusst werdenden oder nachträglich konstruierten Absichten durchgeführt bzw. verknüpft werden *können*. Für den Handelnden geht es beim Handeln um das Bewirken von Wirkungen, für den Beobachter, der auf Verstehen aus ist, geht es darum, das Attributionsschema herauszufinden, in dem das beobachtbare Handeln eines Aktanten *für ihn* als Beobachter Sinn macht. Beim Handeln weiß der Handelnde nur dann und insofern, dass er handelt und welche Handlung er vollzieht, als er sich selbst und anderen Auskunft über seine Handlung geben, sie also durch reflexive Diskontinuierung kommunikativ anschließbar machen will oder kann.

Nimmt man an, dass Handlungen als *token*s von *type*s sich im Wirkungszusammenhang von Geschichten&Diskursen ereignen, dann kann man annehmen, dass man in Geschichten&Diskursen *nicht ohne gute Gründe* handelt, die sich aus bisherigen Erfahrungen und Wissenskonstruktionen in Geschichten&Diskursen für den einzelnen Aktanten herausgebildet haben. Handlungen werden nicht durch natürliche Ursachen, also kausal erklärt, sondern im Licht der bisher gemachten und aus den Handlungsschemata erwartbaren *Erfahrungen*, die die *Erwartungen* an die jetzt zu unternehmende Handlung der Aktanten orientieren. Handeln sollte daher nicht *allein* in Schemata von Rationalität, Kausalität, strategischem Problemlösen, Intentionalität oder Motivationsverwirklichung beschrieben oder erklärt werden, obwohl diese Momente wichtig bzw. nicht ausgeschlossen sind. Es kommt auch auf den Grad der Routinisierung von Handeln sowie auf den jeweiligen Geschichten&Diskurs-Zusammenhang an, welches dieser Schemata in welchem Grad, in welcher Bewusstseinsfähigkeit und Bewusstseinspflichtigkeit sowie in welcher Beobachtbarkeit eine Rolle spielt.

Mit den Handlungsschemata sind, wie bereits gesagt, affektive und moralische Aspekte verbunden, die – wie immer bei Schemata – unterschiedlich bewusst sein können. Darum ist die Entscheidung darüber, welche Bedeutung eine Handlung hat, keine Frage des jeweiligen Bewusstseinszustands oder subjektiver Empfindungen und Einschätzungen, sondern eine Frage der Geschichten&Diskurse-

spezifischen Einschätzung eines *Schemas*, das nicht durch willkürliche Interpretationen verändert werden kann. Die bei anderen Aktanten reflexiv unterstellte Bezugnahme auf solche Schemata leistet die Vermittlung von kognitiver Autonomie und sozialer Orientierung im Handlungsbereich.

Diese Überlegungen verweisen darauf, dass Handeln, wie P. Janich betont, im Sinngebungsrahmen von Handlungsschemata kulturprogrammiert *gelernt* werden muss. Sie machen zum anderen deutlich, dass Handeln, Geschichten und Diskurse einen systemischen Zusammenhang bilden: Nur im Sinngebungsrahmen von Geschichten&Diskursen, die am Wirkungszusammenhang von Wirklichkeitsmodellen&Kulturprogrammen orientiert sind, wird einerseits das Individuum kognitiv (durch Invisibilisierung von Kontingenz) handlungsmächtig, wird andererseits seine Handlung sozial interpretierbar. Da Handlungen als bestimmte sinnvolle Handlungen von anderen bestätigt werden müssen, erzwingt somit auch Handeln die Differenz Alter/Ego.

Überdies darf die Ausführung einer Handlung nicht verwechselt werden mit dem Eintreten eines gewünschten Resultats. Handlungen können erwünschte und angestrebte *Folgen*, aber durchaus auch nicht angestrebte *Konsequenzen* haben. (Man fährt mit dem Auto in den Urlaub und erreicht sicher sein Hotel – aber am nächsten Morgen ist das Auto gestohlen.)

Allgemein gilt der Grundsatz: kein Handeln ohne Wissen, kein Wissen ohne Handeln. Handeln führt zum Kennen, Kennen zum Können, das sich in Anschlusshandlungen verkörpert. Der intrinsische Zusammenhang von Handeln, Kennen/Wissen und Können, der – aufgrund der Leibgebundenheit des Menschen – immer auch kognitive, affektive und moralische Komponenten in ein Attraktorenverhältnis zueinander bringt, definiert, was und wie wir erkennen. Deshalb darf der Handlungscharakter von Wahrnehmen, Beschreiben, Erkennen und Reden nicht unterschlagen werden. Auch Wahrnehmen ist eine Praxis, die kulturprogrammiert ist und an der nur analytisch ein körperlicher und ein geistiger Aspekt beschreibend voneinander unterschieden werden können. Darum sollte die Schnittstelle zwischen Aktant und Wirklichkeit nicht in Wahrnehmungen, Erkenntnisse oder Sprachen verlegt werden, sondern in die handelnde Verkörperung als Wahrnehmen, Erkennen und Kommunizieren im konkreten Wirkungszusammenhang von Geschichten&-Diskursen.

Das *Soziale* des Handelns, so ist bisher argumentiert worden, liegt nicht im subjektiven Handlungssinn, sondern in kollektiv wirksamen kulturprogrammierten Wissensregulatorien unterschiedlicher Art, die die Vermittlung von kognitiver Autonomie und sozialer Orientierung durch eine verbindliche Ordnung von Bezugnahmen leisten, wobei die natürliche Sprache und alle Medien seit der Schrift eine entscheidende Rolle spielen.[*] Auch hier zeigt sich wieder, dass es sich bei Setzung und Voraussetzung, bei Sinnorientierung und Prozessorientierung um Beobachtungsvarianten handelt und nicht um «Realalternativen», die dualistisch gedeutet werden können. Handlungen ohne Aktanten sind nach dieser Argumentation ebenso undenkbar wie Handlungen ohne sinnstiftende soziale Deutungsschemata, die als kollektives Wissen von Aktanten eingesetzt werden (müssen), wenn sie sozial relevant handeln wollen.

[*] Wie an verschiedenen Stellen begründet, konzipiere ich Sprache nicht als Medium, sondern als Kommunikationsinstrument. Medien – beginnend mit der Schrift – entfalte ich als Kompaktbegriff, der vier Komponentenbereiche systemisch integriert:
• Kommunikationsinstrumente wie Sprache und Bilder,
• technische Dispositive (von der Feder und dem Papier bis zur Internettechnologie),
• die sozial-systemische Ordnung dieser Dispositive (etwa Skriptorien, Verlage oder Funkhäuser),
• die Medienangebote, die aus dem Zusammenwirken dieser Komponenten resultieren.
Entsprechend dieser Konzeption entfalten Medien nicht nur Wirkungen, die mit der Semantik der Medienangebote zusammenhängen, sondern Wirkungen, die mit einer Veränderung der Einstellung zu den Sinnen, zum Körper, zu Raum und Zeit, zu Technik und Gesellschaft zusammenhängen.

Insofern kann das Konzept ‹Aktant› theoretisch modelliert werden als Einheit der Differenz von kognitiver Autonomie und sozialer Orientierung, die sich in Handlungen und Kommunikationen in Geschichten&Diskurse verkörpert.

7. KOMMUNIKATION

Auch hier soll zunächst versucht werden, den bisher entwickelten allgemeinen Argumentationsrahmen zu skizzieren, in den das Nachdenken über Kommunikation im Folgenden gestellt werden soll.

Wie alle anderen Aktivitäten vollzieht sich auch Kommunikation – wie immer sie im Einzelnen auch näher bestimmt wird – als Setzung im Rahmen von Voraussetzungen. Als Setzung wird sie bestimmt als Handlung (operativer Aspekt), wobei deren Voraussetzungen bestimmt werden als Sinnkomponenten des Wirkungszusammenhangs von Wirklichkeitsmodell&Kulturprogramm. Kommunikationen als Handlungen ereignen sich bzw. werden vollzogen und sinnhaft orientiert im Wirkungszusammenhang von Geschichten&Diskursen in raum-zeitlich bestimmten spezifischen einzelnen Geschichten und Diskursen.

Als auto-konstitutiver Zusammenhang von Setzungen und Voraussetzungen unterliegt auch Kommunikation der Komplementarität von Selektion und Kontingenz. Und als grundlegende gesellschaftliche Operation (ohne Kommunikation keine Vergesellschaftung) dient Kommunikation in besonderer Weise der sozial verbindlichen Kontingenzbearbeitung, die Aktanten trotz kognitiver Autonomie soziales Handeln ermöglicht. Dabei spielen auch hier wieder Schematisierungen eine zentrale Rolle, wobei gerade im Hinblick auf Kommunikation eine reichhaltige Palette von Schematisierungen von der Phonetik über die Grammatik bis hin zu Gattungsformen, Diskursformen und Makroformen der Kommunikation zu beobachten ist.

Von ihrer Entstehung bis zu ihrer Nutzung kann Kommunikation geradezu als Paradebeispiel funktionaler Reflexivität beschrieben werden. Entstanden aus reflexiver Wahrnehmung, die durch die Herausbildung von Erwartungs-Erwartungen und Unterstellungs-Unterstellungen soziales Handeln ermöglicht, gelingt Kommunikation auf der Grundlage der operativen Fiktion, bestimmte semantische Wissensbestände, Motivationslagen und Bewertungsroutinen seien als kollektives Wissen verbindlich bei allen Handlungspartnern vorauszusetzen. Berücksichtigt man die kognitive Autonomie (soll heißen: die strikte Systemspezifik aller Setzungen) von Aktanten, dann kann Kommunikation, wie schon von vielen Autoren ausgeführt, nicht als Übertragung von Informationen modelliert werden, da Informationen nur durch systemspezifische Setzungen (im berühmten Kopf des Aktanten) entstehen können. Vielmehr ist es plausibel, Kommunikation als Orientierungs-Orientierung (im Sinne von G. Rusch 1999) zu konzipieren, und das heißt wiederum als einen reflexiven Prozess, in dem Kommunikationspartner sich gegenseitig Orientierungsangebote machen, die systemspezifisch genutzt werden (können). Der Grad konsensfähiger Nutzung hängt bei dieser Beschreibung davon ab, wie einmütig die Partner auf kollektives Wissen zurückgreifen und wie schematisiert die Nutzungsmodalitäten in bestimmten Situationstypen sind. Kommunikation als gemeinsamer Bezug auf reflexiv unterstellte Voraussetzungen stiftet die in allen Kommunikationen mitlaufende Erwartung auf Verstehen als den intendierten Erfolg von Kommunikationen.

Offensichtlich spielt der Wirkungszusammenhang Geschichten&Diskurse gerade für Kommunikation eine wichtige Rolle, indem er den in der Geschichte von Geschichten&Diskursen eines jeden Aktanten entstandenen Erfahrungs- und Erwartungszusammenhang als Selektionsfahrplan für anstehende Selektionen aufbaut: Als Aktant handelt man zwar kontingent, aber keineswegs willkürlich. Man nimmt zwar immer nur an ganz bestimmten Diskursen teil, aber dies nicht ohne Grund. Und die Orientierung an solchen Fahrplänen entlastet jeden Aktanten von der neurotischen Dauerreflexion darüber, warum er A tut und nicht B bis Z und warum er über Alpha redet und nicht über Beta bis Omega.

Mit dieser kurzen Beschreibung sind drei Themenbereiche angesprochen, die in jeder Kommunikationstheorie eine wichtige Rolle spielen, und zwar die Themen Kognition und Kommunikation, Kommunikation und Kultur sowie Kommunikation und Kommunikationsinstrumente bzw. Medien. Dazu einige wenige Anmerkungen.

Paul Valéry hat einmal treffend bemerkt: «Die Sprache hat das Denken nie zu Gesicht bekommen.» Anders gesagt, Kognition und Kommunikation operieren in unterschiedlichen Bereichen und in unterschiedlichen Modi, sodass die Annahme einer Direktübersetzung von einem Bereich in den anderen nicht plausibel ist. Wohl können in beiden Bereichen Orientierungsangebote zu jeweils bereichsspezifischen Operationen genutzt werden – aus Texten und Medienangeboten können Gedanken bzw. andere Texte und Medienangebote gemacht werden, und zwar deshalb, weil in beiden Bereichen kollektives Wissen zur Produktion, Rezeption und Verarbeitung von Texten in vergleichbarer Form genutzt wird. (Dieser Zusammenhang kann als «strukturelle Kopplung» bezeichnet werden.) Diese Vergleichbarkeit wird durch die Nutzung des Wirkungszusammenhangs Wirklichkeitsmodell&Kulturprogramm im Wirkungszusammenhang Geschichten&Diskurse in konkreten Kommunikationen garantiert, wobei zugleich jede erfolgreiche Nutzung dieser fiktiv vorausgesetzten Wirkungszusammenhänge deren Effektivität und Legitimität stabilisiert. Kommunikation operiert in ihrem Umgang mit Medienangeboten auf dem Ermöglichungsmechanismus von Kulturprogrammen, die nur im Hinblick auf solche sozialen Inanspruchnahmen sinnvoll gedacht werden können. Metaphorisch könnte man sagen: «Kultur dirigiert Kommunikation», die unentwegt Kulturprogramme «aufführt». Beide machen nur Sinn in strikter Komplementarität. Und so wie «Kultur» bildet auch

Kommunikation die unhintergehbare Voraussetzung jeder Beschäftigung mit sich selbst.

Kommunikation braucht neben der Voraussetzung Wirklichkeitsmodell&Kulturprogramm in Geschichten&Diskursen *Materialitäten*, in/an denen sich gesellschaftliche Erfahrungen dauerhaft kondensieren können. Mit anderen Worten, sie braucht wahrnehmbare und semantisch funktionierende semiotische Kommunikationsinstrumente. In einer Geschichten&Diskurse-orientierten Sprachkonzeption sind bezüglich dieser Problematik zwei wichtige theoretische Vorentscheidungen bereits gefallen: Was an Kommunikationshandlungen in Geschichten und Diskursen *beobachtbar* ist, sind *Zeichenmaterialitäten* (Ausdrucksgestalten) und nicht Bedeutungen (kognitive Ordnungsbildungen). Also muss die Regelhaftigkeit ihrer Verwendung, die wir beim Sprechen als sinnermöglichende Schema-Orientierung unterstellen, in der Materialität und nicht (erst) in den Bedeutungen liegen. Diese Regelhaftigkeit betrifft nicht nur die gesellschaftlich akzeptable Verkettung bzw. Vertextung solcher semiotischen Materialien, sondern auch die gesellschaftlich vorgesehene Bandbreite ihrer kognitiven und kommunikativen Verarbeitung (= Bedeutungskonstruktion), die durch eine rigide sprachliche Sozialisation etabliert wird. Dort lernen Aktanten (weitgehend unbewusst) in prototypischen und darum prägenden Situationen in der Orientierung an Vertrauenspersonen, wann man wie mit solchen semiotischen Materialien umgeht (die typische Anweisung lautet: man sagt/das heißt so und so …) und welche gesellschaftlichen Erfahrungen solche Materialien und ihre Verwendung kondensieren – ein typischer Prozess der reflexiven Strukturbildung aus der Praxis für die Praxis (im Sinne von H. Feilke).

Im Hinblick auf den Erwerb der Muttersprache als unserem zugleich grundlegendsten und komplexesten Kommunikationsinstrument ist wichtig zu beachten, dass ein Kind immer in einem *Lebenszusammenhang*, also in einem konkreten Geschichten&Dis-

kurs-Zusammenhang sprechen lernt und spracherwerbend die Kompetenz für funktionierende Lebenszusammenhänge «erwirbt». Lehrende und Lernende agieren als beobachtete Beobachter, deren Verhaltenssynthesen sich (partiell) einander angleichen. Das Kind lernt im Sozialisationsprozess, wie die Wirklichkeitsmodelle seiner Gesellschaft aufgebaut sind und welche Handlungsmöglichkeiten (im weitesten Sinn von kognitiven bis kommunikativen und nicht-sprachlichen Handlungen) es im Rahmen seiner Sozialstruktur darin nutzen kann. Spracherwerb führt also, abstrakt gesagt, zum Erwerb der Kompetenz, kollektives Sprachverwendungswissen (auf der Ausdrucksebene wie auf der Inhaltsebene) individuell zu erzeugen, wobei dieses kollektive Wissen sich durch Reflexivität in der Zeit-, Sach- und Sozialdimension individuell wie sozial selbst stabilisiert. Die operative Fiktion kollektiven Wissens bildet die vom normalen Sprecher intuitiv erwartete Grundlage für die Interindividualität von Kognitions- wie Kommunikationsprozessen.

Die Zeichenmaterialität kondensiert gewissermaßen – unabhängig vom einzelnen Sprecher, aber für alle Sprecher sozial verbindlich – die gesellschaftlichen Erfahrungen im viablen Umgang mit dieser Materialität. Wir haben also auch hier wieder einen *reflexiven* Prozess vor uns: Sprache resultiert aus Sprechen und leitet Sprechen sozial verbindlich an. Die Sprache spricht das Sprechen, und das Sprechen spricht die Sprache. Setzung (Sprechen) und Voraussetzung (Sprache) sind konstitutiv miteinander verschränkt, ihre Differenz markiert wiederum eine Beobachtungsvarianz und keine ontologische Dualität.

Kommunikation als Vollzug von Orientierungs-Orientierungen profitiert in ganz besonderer Weise von den *Schematisierungsgewinnen*, die eine Gesellschaft erzielt (hat). Schematisierungen waren bisher bestimmt worden als Etablierung operativer Fiktionen, die zum einen kognitive, kommunikative und Handlungsvollzüge routinisieren und beschleunigen, die zum anderen kollektive Wissensbestände schaffen, die Orientierungs-Orientierungen wahrscheinlich(er) machen. Je mehr Schematisierungen verfügbar sind, desto reichhaltiger werden daher Themen, Formen und Nutzungsweisen von und für Kommunikation. Hinzu kommt, dass genau diese Themen, Formen und Nutzungsweisen wieder beobachtet und zum Thema von Kommunikation gemacht werden können. Damit erhöht sich die Zahl der Möglichkeiten, durch Differenzbildung signifikante Differenzen zu generieren, das heißt durch Abweichung von Erwartungen Kommunikationsgewinne zu erzielen, die wiederum das herrschende Kulturprogramm vor die Frage stellen, ob es auch diese Devianzen interpretativ zu bewältigen erlaubt – ein Mechanismus, den jede Subkultur lustvoll erprobt.

Diese Geschichten&Diskurse-orientierten Überlegungen zu Kommunikation und Sprache sprechen nicht nur gegen dualistische Sprachtheorien, sondern auch gegen *dualistische Bedeutungstheorien*, die zwischen Materialität und Bedeutung ontologisch unterscheiden. Materialität und Bedeutung sind vielmehr als strikt komplementäre Phänomene anzusehen. Das bedeutet, dass die Unterscheidung Materialität/Bedeutung (am Leitfaden der Unterscheidung beobachtbar/nicht-beobachtbar) nur Sinn macht im Hinblick auf die Einheit dieser Unterscheidung, nämlich «Sprechen» als kommunikatives Handeln in Geschichten&Diskursen.

Die Unterscheidung Materialität/Bedeutung symbolisiert also wiederum nichts anderes als *Beobachtungs*alternativen, die nicht als ontologische Differenz dualistisch interpretiert werden sollten (hier das Reich bloß arbiträrer Zeichen, dort das Reich der ideellen Bedeutungen). Für Sprecher in Geschichten&Diskursen gibt es in einer Sprache keine Arbitraritäten. Und die im Sprachvergleich von Beobachtern 2. Ordnung konstatierte Arbitrarität sprachlicher Zeichen stellt trivialerweise nichts anderes fest, als dass Italienisch anders ist als Russisch.

In der Sprachphilosophie und Linguistik rivalisieren bis heute *Zeichenmodelle* und *Handlungsmodelle* von Sprache miteinander. Nach der bisherigen Argumentation handelt es sich hierbei um eine unplausible und unfruchtbare Alternative, da die Differenz Zeichen/ Handlung eine Beobachtungs- und keine Seinsalternative markiert: ‹Handlung› verweist auf den operativen Aspekt des Sprechens, ‹Zeichen› auf den Sinnaspekt. Und beide Aspekte konstituieren sich wechselseitig und sind daher nicht voneinander zu trennen, wobei aber – wie S. Jünger zu Recht betont – die zeichenhafte Bestimmtheit der Sprache im Kontrast zur Unbestimmtheit der Bedeutungszuweisung steht. Auch hier sind die Setzungen strikt systemspezifisch, die Voraussetzungen dagegen aktanteninvariant.

Entgegen der linguistischen Tradition, die zwischen (vorgängigem) Sprach-System und (dieses System nachgängig nutzender) Sprech-Kompetenz unterscheidet, dominiert in einer Geschichten&-Diskurs-orientierten Auffassung der Blick auf Kommunikation als reflexives soziales Geschehen, in dem allererst Mittel der Kommunikation durch soziale Qualifizierung für Sprecher entstehen bzw. in der Beobachtung ausdifferenziert werden können – man kann jetzt wissen, dass man spricht, und darüber reden. Sprachliche Komponenten fungieren dann und nur dann als Zeichen *in* der Kommunikation, wenn sie Zeichen *für* vorausgegangene kommunikative Ko-Orientierungen von Sprechern und Hörern sind. Sprachzeichen synthetisieren die Klassen von Erfahrungen, aus denen sie hervorgegangen sind. Eine Zeichenrelation wird nicht durch Referenz bzw. Repräsentation, sondern durch Rückbezüglichkeit bzw. Selbstreferenz in der Kommunikation bestimmt. Im Sprechen und mit Sprache greifen wir nicht (wie es traditionelle dualistische Zeichenbegriffe nahe legen) über die Sprache in «die Realität» aus, sondern wir greifen (immer nur) zurück auf sozial approbierte Zeichenverwendungen in der Kommunikation. Sprechen ist kein Be-Sprechen intersubjektiv bereits festgestellter Dinge oder Ereignisse; Gegenstände der Kommunikation sind immer Gegenstände der *Kommunikation*. C. F. von Weizsäcker paraphrasierend könnte man sagen: Wenn *wir* nicht über Gegenstände kommunizieren, ist von *Gegenständen* nicht die Rede.

Sowohl die Modellierung des Sprechens als kommunikatives

Handlungsspiel bzw. als Kommunikationshandlung als auch die Modellierung des Spracherwerbs als handelnder Erwerb kollektiven Wissens in Geschichten&Diskursen verweist darauf, dass eine zeichentheoretische Modellierung, die auf Referenz und Bedeutung von Zeichen fixiert ist, die vielfältigen *Bedingungen* übersieht, denen jede Form des Umgangs mit Sprache unterliegt. Hier ist etwa hinzuweisen auf die große Rolle von *Vertrauen* in Spracherwerbsprozessen wie in aktuellen Kommunikationsprozessen, auf die Rolle, die *Glaubwürdigkeit* sowie die nachhaltige *Übernahme* von Konsequenzen aus vorangegangenen Kommunikationen spielen, sowie auf die Bedeutung des affektiven Erlebens und der moralischen Bewertung sprachlicher Operationen. Neben Referenz und Bedeutung müssen Aspekte wie Funktion, Gebrauch, Geltung und Wirkung, Unterstellungs-Unterstellungen und Motivverdacht in Geschichten und Diskursen angemessen berücksichtigt werden, womit wir wieder bei der grundsätzlichen Bestimmung von Kommunikation als einem notwendigerweise als reflexiv zu denkenden Geschehen angelangt sind.

Die bisher entwickelte Konzeption von Kommunikation hat auch Auswirkung auf das Verständnis von *Verstehen*. Hier kann man mit G. Rusch grundsätzlich zwei Ebenen voneinander unterscheiden, nämlich Verstehen als kognitiven Prozess der Bedeutungskonstruktion und Verstehen als sozialen Prozess der Zuschreibung von Erwartungserfüllung. In beiden Fällen geht es nicht um traditionelle Auffassungen vom Verstehen als Erfassen der Mitteilungsintention des Sprechers durch den Hörer, sondern um die erfolgreiche Umsetzung der Wahrnehmung von Zeichenmaterialitäten in bereichsspezifische Prozesse: Man liest einen Text und macht sich dabei seine Gedanken; man beobachtet die sprachlichen und nicht-sprachlichen Reaktionen eines Kommunikationspartners und entscheidet, ob er auf ein Kommunikationsangebot angemessen im Sinne der eigenen Erwartungen reagiert hat, und so weiter.

Welche Rolle spielen nun aber konkret *Medienangebote* in der Rezeption? Wie oben ausgeführt, weiß jeder kompetente Sprecher einer natürlichen Sprache aufgrund der langen sprachlichen Sozialisation, welche Erwartungen an den sozial (weitestgehend) geregelten Gebrauch bestimmter Kommunikationsinstrumente geknüpft sind. Deshalb nutzt er die zeitlich ablaufende Wahrnehmung der Bestandteile von Medienangeboten dazu, im Wahrnehmungskontext kognitive Wissensstrukturen zu konstruieren, die aus seiner jeweiligen Interpretation der Materialität der Kommunikationsinstrumente resultieren und stets in systemspezifischer Weise affektiv besetzt und moralisch bewertet werden. Insofern *orientieren* eine sprachliche Äußerung oder ein Medienangebot durchaus signifikant ihre Wahrnehmung, ohne damit allerdings zugleich auch die systemspezifische Konstruktion von Wissensstrukturen präzise *determinieren* zu können, da diese Konstruktion allein von den Zuständen und Operationsweisen des Systems zum Konstruktionszeitpunkt abhängt. Anders gesagt: Bedeutungskonstruktionen sind zwar an Aktanten gebunden, sie sind deshalb aber nicht notwendig subjektiv. Daraus folgt: Orientierungs-Orientierungen stoßen zwar immer an die Grenze der notwendigen Systemspezifik, aber sie sind deshalb weder willkürlich noch bodenlos; denn Kommunikation operiert gestützt auf zwei mächtige Instrumentarien, die Haltlosigkeit funktionalisieren, eben auf die beiden Wirkungszusammenhänge Wirklichkeitsmodell&Kulturprogramm sowie Geschichten&Diskurse. Und das gilt sowohl für den (sinnbezogenen) Inhaltsaspekt als auch für den (handlungsbezogenen) Beziehungsaspekt von Kommunikation.

Interaktive Kommunikation verfügt daneben bekanntermaßen über einen zweiten Halt gebenden Orientierungsmechanismus, nämlich über die Formen *non-verbaler Kommunikation*. Auf diesem Kanal können vor allem emotionale, aber auch motivationale und moralische ebenso wie Beziehungsaspekte kodiert werden, wobei hier zwar in der Regel gilt, dass non-verbal nicht gelogen werden kann, diese Regel aber genügend Ausnahmen zulässt. (Spitzenpolitiker werden schon längst darauf getrimmt, mit dem Körper ebenso geläufig lügen zu können wie mit dem Mund.) Wenn aber nicht nur hinsichtlich des Gesagten und Gemeinten, sondern auch hinsichtlich der Darstellungsart von Kommunikation begründeter Motivverdacht unterstellt werden muss, dann wird umso drastischer deutlich, dass Kommunikation als ein durch und durch reflexives Geschehen zwischen Kommunikationspartnern modelliert werden sollte, bei dem – angefangen von der Wahrnehmung von Kommunikationsangeboten bis hin zu deren kognitiver Rezeption und lebenspraktischer Nutzung – mit ausschließlich systemspezifischen Operationen einerseits, mit Feed-back-Schleifen zwischen den Kommunikationspartnern andererseits zu rechnen ist. Je eindeutiger die Reflexivität von Prozessen ausgeprägt ist, desto höher sind die Risiken der Orientierungs-Orientierung, und desto ausgeklügeltere Vorkehrungen werden getroffen, um den Erfolg von Kommunikationen zu sichern: Man erhöht den moralischen Druck auf die Kommunikationspartner (Verpflichtung zur Wahrheit, Aufrichtigkeit und Authentizität), man verstärkt die Dichte der Beobachtungen zweiter Ordnung, man verzögert die Beurteilung von Verstehensresultaten bis zum Zeitpunkt der erwarteten Anschlussoperationen usw. Mediengesellschaften, die den Gebrauch von Kommunikationsmitteln durch technische und soziale Institutionen mechanisiert haben, nutzen darüber hinaus die verfügbaren Mediensysteme zur gegenseitigen Beobachtung, um kognitiv und moralisch inakzeptable Formen von Kommunikation zu erkennen und zu brandmarken.

Neben der unlösbaren Beziehung zu Kognition, Kultur und Medien gibt es für Kommunikation ein anderes Bezugstripel besonderer Art, nämlich die Beziehung zu *Identität, Moral und Wahrheit.* Da alle drei Themen in späteren Kapiteln genauer besprochen werden, können an dieser Stelle Hinweise genügen.

Identität muss nicht nur durch entsprechende Attributionen hergestellt, sie muss auch ständig dargestellt werden, wozu verbale wie non-verbale Möglichkeiten in Anspruch genommen werden. Die Blaupausen für die Darstellung von Identität sind als kommunikatives Schemawissen Teil des kollektiven Wissens, etwa im Hinblick auf die zu verwendenden Erzählschemata bei biographischen Selbstdarstellungen oder die Argumentationsmuster bei der Legitimation moralisch problematischer Handlungen.

In jeder Kommunikation mit Ausnahme spezifischer Kommunikationsformen wie Humor, Werbung oder Public Relations wird von den Partnern die strikte Einhaltung verbindlicher moralischer Orientierungsprinzipien wie Wahrhaftigkeit, Aufrichtigkeit oder Verlässlichkeit stillschweigend postuliert und im Konfliktfall erfolgreich eingeklagt («Wer einmal lügt, dem glaubt man nicht, auch wenn er dann die Wahrheit spricht», droht schon die Spruchweisheit).

Und schließlich funktioniert Kommunikation stillschweigend auf der Grundannahme, dass das in Anspruch genommene und bei anderen unterstellte Wissen wahr ist; anderenfalls geraten Gesellschaften in Krisen des Selbstverständnisses, die sich sofort in Kommunikationskrisen niederschlagen. – Umbruchszeiten wie etwa das späte 18. Jahrhundert in Deutschland bieten hierzu reichhaltiges Anschauungsmaterial.

In den bisherigen Überlegungen waren Handlungen und Kommunikationen als Instantiierungen kulturell programmierter Schemata bestimmt worden, deren Semantik kommunikativ vermittelt wird. Aus diesem Grund erscheint es plausibel, Kommunizieren unter Handeln zu subsumieren bzw. als eine *spezielle Handlungsform* zu konzipieren. Bei allen Handlungsformen können, wie bereits oben ausgeführt, zwei Beobachtungsperspektiven angelegt werden: Prozessualität und Sinnorientierung (bzw. Setzung und Voraussetzung). Um diese Differenz ebenso wie ihre Einheit auch terminologisch zum Ausdruck zu bringen, schlage ich vor, den Begriff ‹Kommunikation› ebenso wie den Begriff ‹Handlung› zu erweitern und von *Handlungskommunikation* bzw. *Kommunikationshandlung* zu sprechen, auch wenn diese Ausdrücke nicht gerade elegant sind. Damit soll markiert werden, dass Handeln

Sinn kommuniziert und Kommunikation Sinn realisierendes Handeln ist.*

Kommunikationshandlungen sind als Operationen nicht von Aktanten zu trennen, während Kommunikationsprozesse als Aggregate von Kommunikationshandlungen auch ohne Berücksichtigung von Aktanten bestimmt/beschrieben werden *können*, wenn es auf Anschlüsse und Relationierungen ankommt und nicht so sehr darauf, wer sie zur Verfügung stellt. Entsprechend können auch Diskurse als Sinneinbettungsrahmen für Kommunikationsprozesse ohne Berücksichtigung von Aktanten und Kommunikationsprozessen bestimmt/beschrieben werden, wenn die Systematisierung von Kommunikationshandlungen und Kommunikationsprozessen unter dem Gesichtspunkt von Themenentwicklungen im Vordergrund steht.

Auch *Handlungskommunikationen* sind als Operationen nicht von Aktanten zu trennen, während Handlungssequenzen als Aggregate von Handlungskommunikationen auch ohne Berücksichtigung von Aktanten bestimmt/beschrieben werden können, wenn die Struktur und Funktion der Sequenz(en) zur Debatte steht. Geschichten als sinnhafte Synthetisierungen von Handlungssequenzen können entsprechend ohne Berücksichtigung von Aktanten und Handlungssequenzen bestimmt/beschrieben werden, wenn die sozialintegrative Bildung von Handlungssystemen beobachtet werden soll.

Sucht man nach einer Kategorie, die als Einheit der Differenz von Kognition und Kommunikation fungieren kann, so stößt man wieder auf den Kandidaten *Sinn*, der in Kapitel 3 bestimmt worden war als dauerhafte Erfahrung funktionierender Kulturprogramme bzw. als sozial erfolgreiches Unterscheidungsmanagement. Diese Katego-

---

* Kommunikationshandlungen habe ich schon früh (1976) als «Kommunikative Handlungsspiele» beschrieben. Sie können bestimmt werden als Einheit der Differenz von Lokutionen (Formulierungshandlungen), Illokutionen (Sinnschematisierungen) und Perlokutionen (mittels Lokution und Illokution vollzogene soziale Handlungen).

rie wird semantisch implementiert bzw. ausdifferenziert über die Differenz Kognition/Kommunikation. Beide Seiten der Differenz können unter der Doppelperspektive Sinnorientierung oder Prozess beobachtet und beschrieben werden. Dabei ergibt sich durchaus eine unterschiedliche Lesart von ‹Sinn› auf den beiden Seiten der Unterscheidung.

Im kognitiven Bereich kann Sinn bestimmt werden als *Selbstorientierungskompetenz* kognitiver Systeme, die nach Kohärenz streben. Als sinnvoll wird empfunden, was sich im Verlauf der mitlaufenden Kohärenzprüfung aller Zustände kognitiver Systeme als widerspruchsfrei vollzieht. Dabei operiert auch hier Sinn als differenzlose Kategorie: Auch empfundene Sinndefizite werden mit semantischen Differenzierungen der Sinnkategorie (wie sinnlos, unverständlich, bodenlos usw.) bearbeitet.

Im kommunikativen Bereich kann Sinn bestimmt werden als basaler Modus der *Akzeptanz bzw. Anschließbarkeit* von Kommunikationsangeboten im Rahmen von Geschichten&Diskurs-Zusammenhängen. Für diese Akzeptanzprüfung muss Kommunikation notwendigerweise auf kognitive Leistungen zurückgreifen, was wiederum auf die Komplementarität von Kognition und Kommunikation verweist.

‚Operation› bzw. ‹Prozessualität› wird im kognitiven Bereich bestimmt als Denken, im kommunikativen Bereich als Produktion, Rezeption und Verarbeitung von Medienangeboten. In beiden Bereichen ist Sinn also keine Gegebenheit in einem Diskursjenseits (im Sinne von J. Mitterer), sondern vollzieht sich als kognitives bzw. kommunikatives *Sinngeschehen* in Geschichten&Diskurs-Zusammenhängen.

Aus diesen Überlegungen folgt, dass *Gesellschaft* unter drei Aspekten abnehmender Reichweite bzw. Dimensionalität beobachtet werden kann:

• als Einheit der Differenz von Wirklichkeitsmodell und Kulturprogramm,

- als Einheit der Differenz von Geschichten und Diskursen,
- als Einheit der Differenz von Handlungskommunikationen und Kommunikationshandlungen.

Dabei kann die Beobachtung sich entweder auf die Sinnorientierung oder auf die handlungsgebundenen Prozesse des «Sinn-Machens» konzentrieren, ohne darüber aber die jeweils andere Perspektive vernachlässigen zu können. Es geht, um es noch einmal deutlich zu betonen, bei Sinn bzw. Handlung wie bei System- und Handlungstheorien nicht um Alternativen, sondern um komplementäre *Beobachtungsvarianten*, die nur analytisch voneinander getrennt werden können. Entsprechend sollte auch theoretisch bewusst mit gezieltem Beobachtungsmanagement gearbeitet werden und nicht mit einem «Theorienkatholizismus».

8. PROZESSBEDINGTE WIRKLICHKEITEN

Wenn sich die bisher angestellten Überlegungen als Möglichkeit einer nicht-dualistischen Theoriebildung bewähren sollen, dann muss gezeigt werden, wie die Prozesse in/als Geschichten&Diskurse auf dem Operationsmodus von Setzung und Voraussetzung in Bezugnahme auf Wirklichkeitsmodell&Kulturprogramm ihre *prozessbedingten* Wirklichkeiten erzeugen; denn auch in einer nicht-dualistischen Konzeption sollen ja Gegenstände und Ereignisse vorkommen, sollen Beobachtungen und Beschreibungen von Etwas möglich sein usw. Wenden wir uns also unter dieser Fragestellung zunächst verschiedenen Bereichen von Gegenständlichkeiten zu.

Wie in Kapitel 1 bereits gezeigt, erzwingt die Annahme des basalen Mechanismus von Setzung und Voraussetzung zugleich die Annahme von *Bewusstsein* als Instanz des Bezugnehmens auf Etwas. Bewusstsein operiert in Form von Bezugnahmen über dem autokonstitutiven Zusammenhang von Setzung (Bewusstsein von Etwas) und Voraussetzung (ohne Bewusstsein kein Etwas); und auch die Voraussetzungen von Setzungen können erst in reflexiver Bezugnahme als solche beobachtet (gesetzt) werden – das Spiel von Setzung und Voraussetzung wiederholt sich aufs Neue.

In Kapitel 1 ist schon erläutert worden, dass der komplementäre Mechanismus von Setzung und Voraussetzung tatsächlich in Anspruch genommen werden muss, soll er wirksam bzw. wirklich werden können. Insofern erzwingt die Logik dieses Mechanismus die Annahme, dass es Instanzen geben muss, die diesen Mechanismus in Gang setzen und in Gang halten (so wie es bei der hier vorgelegten Argumentation geschieht), also die Annahme von *Aktanten*.

Fahren wir fort mit dem Problem der *Objekte* im weitesten Sinn. Wie oben ausgeführt, können wir mit Gegenständen nur als Referenten bzw. als Produkten von Bezugnahmen umgehen. Nur in solchen Bezugnahmen – von Bewusstseinsakten bis zu Tätigkeiten und Kommunikationen – *gibt es für uns* Gegenstände, die deshalb nur als jeweils systemspezifische Wirklichkeiten bestimmt werden können, wie immer wir solche Bestimmungen auch formulieren. Alle unsere Bezugnahmen *setzen* etwas als etwas in irgendeiner Weise Bestimmtes, sie konstituieren Gegenständlichkeiten jedweder Art, indem sie die Differenz Selbstreferenz/Fremdreferenz anwenden, ja anwenden müssen, um sich selbst als diese konkreten Bezugnahmen und als nichts anderes durchführen und das heißt setzen zu können. Und diese Setzung operiert notwendigerweise über einem Set von Voraussetzungen, das für ein handelndes System spezifisch ist. Ohne Gegenstandskonstitution lässt sich mithin kein Bewusstsein denken und ohne Bewusstsein keine Gegenständlichkeit. Beide sind strikt komplementär.

Damit wird die Einsicht konstruktivistischer Beobachtungstheorien unterstrichen, die Gegenständlichkeit als Resultat von Beobachtung/Beobachterprozessen modelliert haben. Der Unterschied zum hier vertretenen Ansatz liegt darin, dass in bisherigen konstruktivistischen Beobachtungstheorien der Beobachter als *Konstrukteur* von Gegenständen bezeichnet wurde, was stets die Frage aufwarf, ob es sich dabei um eine physikalische oder nur um eine semantische Konstruktion handelt. In den hier vorgelegten Überlegungen wird das Thema Konstruktion deshalb gar nicht behandelt, weil es nicht um die Behauptung oder Bestreitung von Existenz oder Realität geht, sondern um die Feststellung, dass es erst dann Sinn macht, von Gegenständen zu sprechen, wenn eine Relation zwischen einem Bewusstsein bzw. einem Beobachter und einem Bewusstseinsgegenstand bzw. einem Beobachtungsresultat besteht. Erst wenn eine Bezugnahme besteht, kann sie als Einheit der Differenz von Bewusstsein und Bewusstseinsgegenstand, von Selbst- und Fremdreferenz erlebt und beschrieben werden, wobei im Erleben wie in Beschreibungen in durchaus sinnvoller Weise von *Gegenständen* die Rede ist. Nur muss man sich davor hüten, den Gegenstand stillschweigend aus dem Komplementaritätsverhältnis von Bewusstsein und Gegenstand zu separieren und ihn «als solchen» zu behandeln.

Ähnlich liegen die Verhältnisse bei der Konstitution von *Raum* und *Zeit* durch Bewusstseinsprozesse bzw. durch bewusste Bezugnahmen.

Jede Setzung als Vollzug einer Unterscheidung setzt notwendigerweise Raum und Zeit; denn der Übergang von einer Voraussetzung zu einer Setzung vollzieht sich als Operation, die nur in Raum und Zeit gedacht werden kann. Die Prozessualität und Relationalität unserer Bewusstseinsprozesse erzeugt also unvermeidlich Raum und Zeit. «Zeit ist ein Effekt der Operationsweise des Bewusstseins; Bewusstsein erzeugt Zeit, weil es nur in der Zeit operieren kann. [...] Zeit ist ein Bewusstseinsprodukt ...» (O. Jahraus 2001, 74). Dasselbe gilt für den Raum als Einheit zeitlicher Differenz.

Die Modalitäten von Raum und Zeit bestimmen alles, was wir in Geschichten&Diskursen erleben und was wir über Geschichten und Diskurse sagen können, weil sie die Koordinaten von Übergängen zu markieren erlauben. Wie schon gesagt: *Alles* geht ununterbrochen weiter. Jede Bewusstseinstätigkeit, jede Kommunikation, jede Handlung baut auf vorherigen auf und führt sie weiter, es gibt weder eine zeitliche Lücke in Prozessen noch in Beobachtungen und Beschreibungen. Während wir der Vergangenheit wie der Zukunft im Prinzip eine unendliche Ausdehnung geben können, ist die Gegenwart ein ausdehnungsloser Grenzwert zwischen vorher und nachher oder – in phänomenologischer Sprechweise – ein mitwandernder Horizont. «immer ist jetzt» hat der Wiener Künstler A. Glück einmal gesagt. Genau hier und jetzt spielt sich alles ab, was überhaupt geschieht. Was immer geschieht, geschieht notwendigerweise in der Gegenwart von Beobachtern; und alles, was in deren

Welt geschieht, geschieht gleichzeitig. Der Kirchenvater Augustinus hat dafür die einprägsame Formel gefunden: «… es gibt drei Zeiten, die Gegenwart des Vergangenen, die Gegenwart der Gegenwart und die Gegenwart des Künftigen.» Alles kommt darauf an, wie man diesen Fluss, diese unaufhörlichen Übergänge, diese nach M. McLuhan *all-inclusive nowness* unterbrechen, sie durch geeignete Prozesse diskontinuieren kann, damit Strukturen entstehen, die uns durch Bereitstellen von Diskontinuität die Beobachtung von zeitlicher Dynamik allererst erlauben. Zeit, genauer: Zeitlichkeit dient uns bei dieser Operation. Sie erlaubt uns, den Strom der Prozesse zu unterbrechen, um uns für eine Weile mit etwas Bestimmtem und nichts anderem zu beschäftigen. In unserem Handeln und Kommunizieren setzen wir Zeit, indem wir Differenzen voraussetzen: handeln/nicht handeln, vorher/nachher, jetzt/später. Zeit verweist einerseits auf die Zeit konsumierende Seite von Handlungen und Prozessen jedweder Art, sie ermöglicht andererseits Strukturbildung durch die Verstetigung von Erfahrungen zu Erwartungen. (N. Luhmann spricht von der Reizbarkeit der Gegenwart durch die Zukunft, wir können auch von der Reizbarkeit der Gegenwart durch die Vergangenheit sprechen.) Erst durch die reflexive Verschränkung von Wahrnehmung, Wiederholung und Zeit, so kann man folgern, können kognitive und kommunikative Wirklichkeiten entstehen.

Raum und Zeit lassen sich nur über gegenseitige Beobachtung beobachten. Raum kann über die Einheit zeitlicher Differenz, räumliche Einheit über zeitliche Differenz beobachtet werden. Zeit ist über die Einheit räumlicher Differenz, zeitliche Differenz über räumliche Einheit zu beobachten. Gegenwart kann nur als zeitliche *und* räumliche Präsenz gedacht und erlebt werden. Räumlichkeit und Zeitlichkeit sind prinzipiell unhintergehbar, aber sie bleiben uns als grundlegende Instrumente unserer Wirklichkeitskonstruktion verborgen.

Gegenwart, und das heißt zugleich auch gegenwärtige Wirklichkeit (wie anders sollten wir Gegenwart erfahren können), so lässt sich aus diesen Überlegungen folgern, kann theoretisch als Einheit der Differenz von Raum und Zeit modelliert werden. Wir leben in Handlungs- und Kommunikationszusammenhängen, in Geschichten und Diskursen, die uns durch ihre innere Logik wie durch die Orientierung am Wirkungszusammenhang Wirklichkeitsmodell&-Kulturprogramm Orientierung erlauben. Semantisch implementierte und affektiv besetzte Raum- und Zeitvorstellungen entwickeln sich offenbar erst in unseren kulturprogrammierten Geschichten und Diskursen, und die Rede von Raum und Zeit ist ausgerichtet auf Geschichten und Diskurse, die geregelte und sozial erfolgreiche Übergänge von Zuständen in Zustände erlauben.

Wie schon mehrfach betont, spielt sich alles, was geschieht, in *Übergängen* ab, im Zwischen, im Während, also in der Form von räumlicher Zeitlichkeit oder zeitlicher Räumlichkeit. Es gibt für uns keine endgültigen Anfänge und Enden (nicht zuletzt deshalb, weil wir weder unsere Geburt noch unseren Tod bewusst erleben), sondern nur Übergänge. Übergänge erscheinen in Geschichten und Diskursen in Gestalt von Anschlussoperationen; es geht sinnvoll weiter, wir fühlen und behaupten Kausalität. Zeit ist gebunden an die mitwandernde Jetzterfahrung in Geschichten und Diskursen, die als Koordinatensystem für alle Erlebnisse und Beschreibungen dienen. Weil es Geschichten und Diskurse gibt, gibt es Zeit – nicht umgekehrt; denn eine solche Konstellation könnten wir weder wahrnehmen noch beschreiben.

Übergänge sind gedachte Differenzen, die sich in gelebte Unterscheidungen verwandeln, welche sich wiederum in Differenzen verwandeln. Immer ist jetzt, weil wir über die Konzepte von ‹immer› und ‹jetzt› verfügen, die wir immer jetzt einsetzen, um damit Zeit durch Gegenwart zu diskontinuieren. Damit stoßen wir auf das Paradox, dass Zeit einerseits die bestimmende Kategorie für alle Prozessualisierungen darstellt, dass sie andererseits auch selbst nur als Funktion von Bewusstseins-, Erfahrungs- und Beschreibungsprozessen in Geschichten und Diskursen beobachtbar und wirksam ist.

Das macht es uns so schwer, auf die tief sitzende Überzeugung zu verzichten, die Zeit sei unabhängig von uns und liege unserem Handeln in Geschichten und Diskursen immer schon voraus, sie fließe gleichsam, ihrem eigenen Gesetz folgend, durch unsere Geschichten und Diskurse.

Übergänge konstituieren sich gerade in dem, was sie nicht sind, nämlich im jeweils neuen Systemzustand, obwohl sie doch nichts anderes sein können als ununterbrochene Transformationen von Zuständen. Aber Übergänge halten Ausgang, Übergang und Ankunft im Übergang von Erleben zu Beschreiben gleichsam en bloc parat, weil wir im Beschreiben verzögern, auf Diskontinuierung aus sind, etwas deutlich als Etwas erkennen und bestimmen wollen. Übergänge, heißt das, sind nur als Einheit von Unterscheidungen fassbar, wenn wir denn über die geeigneten semantischen Differenzen verfügen. Übergänge sind der Modus der Emergenz von Wirklichkeit, die uns immer in der Gegenwart erscheint, weil das Bewusstsein wegen seiner Gerichtetheit eine Präferenz für seine Selbstbeschreibung im Modus der Präsenz hat. Die Wirklichkeit des Übergangs ist der Übergang der Wirklichkeiten in Wirklichkeiten. Darum sind Wirklichkeit und Gegenwart nur komplementär zu denken.

Diese Komplementarität drückt sich auch darin aus, dass *Sinn* und Zeit unlösbar miteinander verbunden zu denken sind. Sinnverhältnisse sind Zeitverhältnisse und umgekehrt. Sinnverhältnisse *machen* nur Sinn, wenn sie Operationen orientieren, wenn sie also festzulegen erlauben, was voreinander, nacheinander, miteinander und füreinander Sinn macht. Zeitverhältnisse sind nur sinnvoll als Sinnverhältnisse, als Zeitform von Sinn zu bestimmen. Die Zeitform von Sinn und die Sinnform von Zeit erlauben uns, in unseren Geschichten und Diskursen zu vergessen, dass wir nur mit Hilfe von Bezugnahmen auf die Ordnungskategorien Sinn und Zeit aus dem Fluss der Prozesse aussteigen können.

Wenn wir Zeit beschreiben als eine aus Handlungen kondensierte eigenständige soziale Sinndimension, in der wir unser sprachliches und nicht-sprachliches Handeln in Geschichten und Diskursen erfahren und interpretieren, dann stellt Handeln als basales soziales Ereignis gewissermaßen eine Verkörperung von Zeit dar, und zwar in dem Sinn, dass Zeit durch den handelnden Einsatz des Körpers mit-vollziehbar erfahren wird. Zeit verschränkt Vergangenheit, Gegenwart und Zukunft zu den kompakten Sinnstrukturen, in die Handlungen in Geschichten und Diskursen transformiert werden. Alles, was geschieht, geschieht in Geschichten in der Gegenwart. Alles, was wir wissen, wissen wir aus der Vergangenheit. Alles, was wir tun, tun wir für die Zukunft. Das heißt, die Sinnform Zeit transformiert punktuelle Ereignisse und Geschehnisse in *Geschichten* und *Diskurse.*

Zeit wird über *Differenzen* erfahren, so etwa über die Differenz von Vorgeschichten und Nachgeschichten, von jetzt und gleich, von Neuigkeit und Wiederholung. Alle diese Differenzen sind selbst wieder zeitlich bestimmt, als Übergänge, als Konflikt oder Bestätigung. Aber bei der Beobachtung von Zeit muss wieder bedacht werden, dass die Zeit der Beobachtung und die beobachtete Zeit nicht identisch sind.

Wir benutzen die Unterschiede von Geschichten und Diskursen als Indikatoren für das Verfließen von Zeit. Darum gibt es in Geschichten und Diskursen keine Alternative zu Zeit. Zu Zeit und damit auch zu Raum gibt es keine denkbare Alternative, weil Bewusstsein als Prozess Zeit und Raum konstituiert und zugleich für sein Prozessieren in Anspruch nimmt.

Wie bereits mehrfach ausgeführt, spielen *Schemata* verschiedenster Art in allen Arten von Handlungen eine wichtige Rolle. Solche Schemata, die kognitive und kommunikative Prozesse durch Routinisierung beschleunigen, lassen sich auch als Kondensation von Zeit beschreiben. Einmal verfestigt, sorgen sie gewissermaßen für die Bildung von Zeitbudgets, die für etwas anderes genutzt werden können als für den Abschluss elementarer kognitiver wie kommunikativer Operationen, so etwa für Differenzierungen, komplexe Bewertungen, weiter gehende Vergleiche und so weiter. (Wir erkennen auf einen Blick, dass wir vor einem Laubbaum stehen, und können uns jetzt sofort damit beschäftigen, ob es sich um eine Eiche oder eine Buche handelt, ob wir den Baum beschneiden oder fällen wollen usw.)

Zeitliche Kategorien und Schemata haben wegen der Geschichten- und Diskursförmigkeit des menschlichen Lebens stets als Ordnungsschemata für Erfahrungen wie für Erinnerungen und Erzählungen gedient, was sicher auch damit zusammenhängt, dass zeitliche und räumliche Relationen eng verbunden sind mit Vorstellungen von Ursache und Wirkung. Wenn alles, was geschieht, gleichzeitig geschieht, dann brauchen wir wirkungsvolle *Prozessunterbrecher*. Vergangenheit nimmt dann die Form von Erfahrung und Erinnerung an, Gegenwart die Form von Ereignis und Erlebnis, Zukunft die Form von Erwartung und Entwurf. Vergangenheit «gehört» mir, wenn gemachte Erfahrungen in der Gegenwart angewendet werden können oder als Erzählungen auftauchen, die zur Produktion von Erinnerungen taugen. Zukunft «gehört» mir, wenn sie Handeln in der Gegenwart auslöst. Die Gegenwart «gehört» mir, solange ich bei Bewusstsein bin.

Unsere Bezugnahmen richten sich nun nicht nur auf die Bearbeitung der Differenz Ich/Etwas als Gegenstand, sondern auch auf die Differenz *Ego/Alter* als Interaktionspartner (siehe Kapitel 11). Diese Differenz resultiert notwendigerweise aus der Reflexivität der Wahrnehmung. A und B nehmen sich gegenseitig wahr und können wahrnehmen, dass sie jeweils vom anderen wahrgenommen werden. Daraus resultiert Wissen (A weiß, dass B weiß), das wiederum reflexiv werden kann (A weiß, dass B weiß, dass A weiß). A und B leben damit in einer partiell gemeinsamen Geschichte, in der durch den Mechanismus der Reflexivität Erwartungen über die Erwartungen des/der anderen aufgebaut werden. Diese Erwartungs-Erwartungen eröffnen die Möglichkeit sozialen, das heißt auf andere bezogenen Handelns und damit grundsätzlich auch von Kommunikation, wie K. Merten (1977) herausgearbeitet hat. A und B müssen in jeder für den anderen relevanten Setzung implizit voraussetzen, dass der andere einen ähnlichen Mechanismus von Setzung und Voraussetzung in Gang setzt wie er selbst, wodurch jeder der beiden berechtigt wird, trotz der damit konstituierten doppelten Kontingenz (im Sinne von T. Parsons und N. Luhmann) seine eigenen kognitiven Operationen als gemeinschafts- oder gesellschaftsspezifisch zu generalisieren. Mit anderen Worten: Handeln und Kommunizieren gelingen allein aufgrund der operativen Fiktion, ein bestimmtes kollektives Wissen hinsichtlich der Semantik von Setzungen und Voraussetzungen sei in der jeweiligen Gemeinschaft/Gesellschaft allgemein verbindlich. Die verbindliche Orientierung an dieser operativen Fiktion entscheidet über die Zugehörigkeit zur jeweiligen Gemeinschaft/Gesellschaft, die über die Differenz Wir/die anderen konstituiert und aufrechterhalten wird. Mit anderen Worten, die Differenz Alter/Ego wird per Reflexivität dadurch erzwungen, dass sozial relevante Wahrnehmungen von anderen bestätigt werden müssen.

Wie lässt sich nun aber die Genese der operativen Fiktion des kollektiven Wissens selbst, die schon so oft angesprochen worden ist, genauer bestimmen? *Wissen*, so meine Hypothese, kann man bestimmen als schematisierte und kondensierte Erfahrung, die aus Handeln und Kommunizieren gewonnen wird und sich ebendort handlungsrelevant bewährt. Um wirken zu können, muss Wissen immer wieder kognitiv hergestellt (etwa erdacht oder erinnert) und kommunikativ dargestellt werden (können). Damit Wissen sozial relevant werden kann, braucht es eine innere Ordnung sowie eine wahrnehmbare Materialität, um reflexive Bezugnahmen zu ermöglichen.

Eine *innere Ordnung* entsteht, indem sich über die Genese von Kategorien und ihre operative Verfügbarmachung durch semantische Differenzierungen, Relationierungen und Bewertungen ein sozial verbindlicher Wirkungszusammenhang von Wirklichkeitsmodellen und Kulturprogrammen herausbildet. Kategorien und semantische Differenzierungen lassen sich dabei wieder als Schematisierungen bestimmen, die zur Orientierung von Erfahrungen genutzt werden können.

Eine *wahrnehmbare Materialität* bekommt Wissen dadurch, dass sich die inneren Ordnungen in verlässlichen semiotischen Ausdrucksgestalten manifestieren, die Wissen kommunizierbar machen. Solche Ausdrucksgestalten entstehen mit natürlichen *Sprachen*, die Wirklichkeitsmodelle kommunikativ stabilisieren und reflexiven Umgang mit der Bezugnahme auf solche Wirklichkeitsmodelle im Modus Wissen ermöglichen: Man kann sagen, was man weiß, weil man weiß, dass andere wissen können, was man auf welche Art sagt. Sprachen materialisieren mit ihrer differenziellen Struktur die Unterscheidungssysteme des ihnen zugrunde liegenden und zugleich von ihnen semiotisch und semantisch konkretisierten Wirklichkeitsmodells. Sprachen eröffnen damit die Möglichkeit, Wirklichkeitsmodelle über Kulturprogramme in Geschichten und Diskursen als Kommunikationshandlungen und Handlungskommunikationen aktantenrelevant zu machen.

Damit soll der kurze Überblick über die Entstehung prozessbedingter Wirklichkeiten «aus dem Geist» reflexiver Bezugnahmen und ihrer Schematisierung beendet werden. Gezeigt werden sollte hier, dass in so verschiedenen Bereichen wie Bewusstsein, Aktant, Raum und Zeit, Gegenstand und Ereignis, Schema und Sinn, Wissen und Sprache oder Alter und Ego keine ontologischen Existenzannahmen erforderlich sind, um die entsprechenden Wirklichkeiten in den Blick zu bekommen. Vielmehr reicht es aus, den Wirklichkeiten konstituierenden Status der generativen Prozesse zu beschreiben, die aus konkreten Bezugnahmen folgen. Als Kurzformel zur Bezeichnung dieser Strategie kann dabei die grundlegende Einsicht J. Mitterers dienen, dass die Beschreibung des Objekts und das Objekt der Beschreibung als miteinander identisch gedacht werden müssen.

9. ÜBER DEN DUALISMUS HINAUS

Die bisher angestellten Überlegungen sind erklärtermaßen geprägt von der Tendenz, ohne realistische ontologische Behauptungen auszukommen, indem Gegenständlichkeiten jeder Art als Komponenten bzw. als Resultanten von *Prozessen* beschrieben werden. Diese Tendenz liegt im Rahmen nicht-dualistischer philosophischer Ansätze, wie sie in den letzten Jahren vor allem J. Mitterer entwickelt hat. Meine eigene Position im Rahmen dieser Ansätze soll im Folgenden kurz umrissen werden.

Der Mainstream europäischer Philosophie und Wissenschaft war und ist von grundsätzlich dualistischen Annahmen geprägt. Wie schon oft beschrieben, rühren daher die prinzipiell unlösbaren Probleme dieser Philosophie in den Bereichen Wirklichkeit und Erkenntnis, Aussage und Wahrheit, Handeln und Wert, Sprache und Referenten usw. Prinzipiell unlösbar sind sie deshalb, weil sie in allen diesen Bereichen mit einer *petitio principii* operieren. Hat man einmal die Komponenten eines komplementären Zusammenhangs voneinander getrennt und zu eigenständigen ontischen Gegebenheiten erklärt, dann gibt es keine Möglichkeit mehr, die Prozessualität und Reflexivität des komplementären Zusammenhangs zu rekonstruieren, dann läuft man an dem argumentativen «Riff» auf, dass es ohne Bewusstsein (Bezugnahme) und Beschreibung (Unterbrechung) nichts «gibt», was man bedenken und beschreiben könnte.

Solange man im dualistischen Paradigma verbleibt, gibt es keine andere Möglichkeit als die einer (wie auch immer konzipierten) realistischen oder idealistischen Erkenntnistheorie. Um in der genannten Problematik weiterzukommen, muss daher ein nicht-dualistischer Ansatz erarbeitet werden. Ebendies wird hier versucht. Und die Erarbeitung beginnt damit, den Argumentationseinsatz, also den Diskursbeginn, bewusst zu verschieben. Dazu einige Bemerkungen.

Dualistische Theoretiker beginnen meist mit Existenzannahmen, und zwar in erster Linie mit der Annahme der Existenz von Subjekten und Objekten – zum Beispiel mit dem berühmten Tisch der Philosophen, der angeblich als solcher existiert und daher als eine vom Beobachter unabhängige Entität betrachtet werden kann. Mit diesen nicht problematisierten Annahmen hat man sich aber bekanntermaßen auch schon alle großen philosophischen Probleme wie Realität, Erkenntnis, Wahrheit usw. eingehandelt; denn die dualistische Startoperation blendet in unzulässiger Weise aus, dass Existenzbehauptungen wie Existenzleugnungen von Aktanten in konkreten Kommunikationszusammenhängen vorgenommen werden müssen – wo sonst. *Wir* behaupten oder bestreiten *in einer bestimmten Kommunikationssituation auf eine bestimmte Art und Weise*, dass hier ein Tisch steht, dass es die Realität gibt oder nicht, dass wir die Naturgesetze erkennen können oder nicht. C. F. von Weizsäcker hat für diese Einsicht die griffige Formulierung gefunden: «Sprechen wir sinnvoll von Realität, so sprechen *wir* von Realität, spricht niemand von Realität, so ist von *Realität* nicht die Rede.» (1980, 142)

Hier wird in kluger *Auf*lösung des Wirklichkeitsproblems die Existenz einer Wirklichkeit gar nicht erst behauptet oder bestritten, sondern festgestellt, dass erst in konkreten Bezugnahmen so etwas wie ein wirkliches Ding als Relatum oder als Referent einer bewussten Bezugnahme eine Rolle spielt. Existenzbehauptungen wie Existenzleugnungen sind deshalb ungeeignete Startstrategien, weil sie – ebenso wie die notorische Frage nach «der Wirklichkeit» – sich selbst paradox beantworten: Die Frage nach der Wirklichkeit kann man nur in einer Wirklichkeit stellen, die dadurch «in Wirklichkeit gestellt» wird. Oder in einer Formulierung S. Jüngers gesagt: Wirklichkeit wird durch die Wirksamkeit von Bezugnahmen bestimmt. (2002, 58) Die Behauptung «X existiert» besagt daher streng genommen nichts anderes als «X ist Ergebnis einer Unterscheidung». In die Misslichkeit dualistischer Erkenntnistheorien kommt man gar nicht erst hinein, wenn man nicht bei Objekten und Subjekten und der Qualität der Relationen zwischen beiden beginnt, sondern bei Prozessen. ‹Wahrnehmen›, ‹beobachten› oder ‹beschreiben› sind transitive Verben, die Handlungen beschreiben, bei denen nur durch Beobachtungswechsel (analytisch) zwischen Handlungsträger/Aktant, Handlungsvollzug und Handlungsresultat unterschieden werden kann. Eine Wahrnehmung ist notwendig die Wahrnehmung eines Aktanten, der in einer konkreten Situation etwas als Etwas wahrnimmt. In diesem Prozess kann man um keine Komponente kürzen, ohne den Gesamtzusammenhang aufzuheben. Etwas *ist für uns* stets und notwendig *etwas als etwas* Gesehenes, Beschriebenes, Gedachtes, Gemachtes, Getragenes usw., selbst wenn wir es im Diskurs als ein Objekt jenseits solcher konkreten Handlungen postulieren können. Und in solchen Handlungszusammenhängen stellt sich die Frage nach der Wirklichkeit schon deshalb nicht, weil keiner sie sinnvoll stellen könnte. Wie wollte ich beim Wahrnehmen von Etwas auch in Frage stellen, ob ich etwas wahrnehme? (Wohl kann ich mich fragen, *was* ich da wahrnehme.) Das Objekt der Beschreibung und die Beschreibung des Objekts fallen, wie J. Mitterer immer wieder argumentiert hat, zusammen. Darum kann keiner von uns in der Wahrnehmung hinter die Wahrnehmung zurückgehen, um das Wahrgenommene mit dem noch nicht Wahrgenommenen hinsichtlich der Wahrheit der Wahrnehmung zu beurteilen, wie schon Demokrit behauptet haben soll. Wo immer etwas «als Objekt» oder als was auch immer auftaucht, taucht es sozusagen an der Nabelschnur eines Prozesses auf – eben als Wahrgenommenes, Gedachtes, Gemachtes oder Beschriebenes. Während Dualisten annehmen müssen, dass der Tisch schon da ist, ehe ich ihn wahrnehme, und als Tisch weiter existiert, auch wenn ich ihn nicht wahrnehme, lösen Nicht-

Dualisten diese Annahmen auf, indem sie allein von wahrgenommenen, gedachten, gemachten, geputzten oder gedeckten Tischen reden. Die Wirklichkeit des Tisches wird, um noch einmal S. Jünger zu bemühen, durch die Wirksamkeit von Bezugnahmen bestimmt. Und Bezugnahmen brauchen Referenzpunkte, durch deren Differenzierung Bezugnahmen erst beobachtbar werden, sie brauchen – anders gesagt – die Differenz Selbstreferenz/Fremdreferenz (*ich* richte meine Aufmerksamkeit auf *Etwas*, *ich* spreche über *Etwas*). Dieses kognitive Manöver erzeugt – wie oben gezeigt – seine *prozessspezifische Wirklichkeit*, ohne prozessunabhängige ontologische Objekte postulieren zu müssen. In einer solchen nicht-dualistischen Position können Gegenstände konzipiert werden als gleichsam mitwandernde Ergebnisse von Prozessen, wobei die Frage nach ihrer Wirklichkeit unplausibel ist, wenn und solange man Gegenstand und Bezugnahme als strikt komplementär begreift.

Da nun Bezugnahmen, wie schon gesagt, nur streng systemspezifisch gedacht werden können, «sind» auch die Gegenstände systemspezifisch. Die Frage, ob man diese Systemspezifik durch geeignete kognitive Manöver überwinden und die Wirklichkeit an sich erkennen kann (wie es Approximationstheorien von Wahrheit postulieren), erledigt sich in diesem Argumentationsduktus von selbst als eine falsch gestellt Frage – mit allen Konsequenzen, die sich daraus für Wahrheitstheorien ergeben (siehe Kapitel 13).

Nun mag man einwenden, dass der Anspruch des hier vorgestellten Theorieentwurfs, nicht-dualistisch zu sein, insofern illusorisch ist, als er ständig mit Differenzen und Unterscheidungen arbeitet, die geradezu das Konstruktionsprinzip für alle Wirklichkeiten darstellen. Dieser Einwand kann wie folgt entkräftet werden.

In der Tat ist bisher so argumentiert worden, dass wir nur im Rahmen von Prozessen der semantischen Differenzierungen von Kategorien und der Asymmetrisierung von semantischen Differenzierungen in Unterscheidungen etwas als Etwas denken, wahrnehmen oder beschreiben können. Nur durch das In-Anspruch-Nehmen von Differenz wird Identitätskonstruktion als Einheit der Differenz möglich, und das gilt auch für Beobachtungen zweiter Ordnung, die mit ihren eigenen Differenz-Sets operieren.

Dieses *prozessgebundene Differenzmanagement* darf nun aber nicht verwechselt werden mit einer dualistischen ontologischen Zerlegung der Welt in Subjekt- und Objektpositionen, also mit einer Argumentation, die die strikt prozessgebundene Inanspruchnahme von Differenzierungen und Unterscheidungen ontologisch deutet, indem Prozess und Prozessresultat substanziell (und nicht nur beobachtungsanalytisch) voneinander getrennt werden, womit das Problem ihrer möglichen Relationierungen erzeugt wird. Nicht die differenzsetzenden Bezugnahmen auf Etwas als gegenstandskonstitutiver Prozess ist problematisch, sondern deren dualistische Umdeutung, die ihrerseits differenztheoretisch aufgelöst werden muss, um einen epistemologischen Dualismus zu vermeiden.

10. ZWISCHENFAZIT 2

Das Ziel der bisher angestellten Überlegungen bestand darin zu zeigen, dass und wie das Arbeiten mit elementaren Kategorien eine Herleitung von Gegenständen und Ordnungen unserer Geschichten-&Diskurse-Wirklichkeit erlaubt, ohne auf eine externe Ontologie Bezug zu nehmen. Die Erfahrungen mit dieser Arbeitsweise sollen in diesem Zwischenfazit kurz resümiert werden.

Der Ausgang vom logisch autokonstitutiven Zusammenhang von Setzung und Voraussetzung hatte zu zwei Einsichten geführt:

- Es ist unplausibel, für irgendetwas einen voraussetzungslosen Anfang zu postulieren, auch nicht für eine Theorie, weil jede Handlung und jede Kommunikation notwendig eingebunden ist in vorausgegangene und in bereits laufende Geschichten und Diskurse.
- Jede Setzung ist selektiv und kontingent, weil im Prinzip immer auch eine andere Option hätte gewählt werden können.

Wenn Setzungen als prozessuale Inanspruchnahmen von Voraussetzungen betrachtet werden, die sich in Setzungen realisieren, und wenn Bewusstsein als Bezugnahme bestimmt wird, die sich nur durch Reflexivität ihrer selbst bewusst werden kann, dann konstituiert die Notwendigkeit von Bewusstsein und Setzungen Raum und Zeit sowie Gegenstände in Raum und Zeit.

Reflexive Wahrnehmung erzeugt Wissen, das anderen zugeschrieben wird und als operative Fiktion (kollektive Erwartung kollektiver Erwartungen) Vergesellschaftung ermöglicht. Auf dieser Grundlage können Kommunikation und Sprache entstehen und effektiv verwendet werden, obwohl jedes der kommunizierenden Systeme nur mit Hilfe seines systemspezifischen Unterscheidungsmanagements operieren kann. Kollektives unterstelltes Wissen benötigt interne Ordnungen und materiale Beobachtungsmöglichkeit. Die Ordnung wird durch die Evolution von Kategorien und semantischen Differenzierungen in Gestalt eines Wirklichkeitsmodells gewährleistet, in dem Erfahrungen mit Problemlösungen gesellschaftlich relevant, da viabel, schematisiert werden. Diese Wissensordnungen erhalten durch semiotische Ausdrucksgestalten der Sprache eine kommunikativ handhabbare und beobachtbare Zeichenmaterialität, in der sich gesellschaftliche Erfahrungen in Gestalt von kollektivem Wissen gleichsam sedimentieren. Dieses kollektive Wissen kann dann in Sozialisationsprozessen in die individuelle Wissensproduktion «eingebaut» werden, indem Aktanten die Kompetenz zur Erzeugung und Verwendung solchen für kollektiv gehaltenen Wissens erwerben.

Schematisierungen prägen auch den Bereich des Handelns und Kommunizierens in Geschichten&Diskursen, insofern Schemata die sinnvolle Synthetisierung von Einzelereignissen zu Handlungen bestimmter Typen erlauben und damit die Durchführung wie die Interpretation von Handlungen sozial anschließbar machen. Handlungen als Setzungen orientieren sich sinnhaft an Handlungsschemata als sozial gültigen Voraussetzungen. Damit gibt die bislang praktizierte Beobachtungsvarianz den Blick frei für den komplementären Doppelaspekt allen Handelns und Kommunizierens, nämlich Sinnorientierung und Prozessorientierung.

Bei all diesen Überlegungen muss die Systemgebundenheit aller Setzungen (die «kognitive Autonomie» der Aktanten) hinreichend berücksichtigt werden, weil sie eine direkte Intervention in operierende Systeme ausschließt. Damit tritt wieder Reflexivität als grundlegender Mechanismus auf den Plan. Wenn nämlich die Setzung von Unterscheidungen in dem von Kategorien und semantischen Differenzierungen aufgespannten Raum von Voraussetzungen den Pfad unserer Orientierungen in Geschichten und Diskursen markiert, also die Abfolge sinnvoller Handlungen, die unsere menschliche Existenz ausmacht, dann bedeutet das: Wir orientieren uns an unseren eigenen Orientierungen, ganz gleich, woher wir diese Orientierungen (zu) beziehen (glauben). Die damit ausgegebene Devise lautet: Übergang zu Reflexivformen, zum Beispiel Übergang vom Lernen zum Selbstlernen, von der Beobachtung zur Selbstbeobachtung, von der linearen Intervention zur Orientierung zur Selbstorientierung in Lehr- und Lernprozessen, vom gegenseitigen Verstehen zur Orientierungs-Orientierung, die durch erwartete Anschlusshandlungen bzw. Anschlusskommunikationen bestätigt wird und nicht durch ein Matching der kognitiven Operationen in den Orientierungspartnern – dass beim Kommunizieren mitgedacht wird, unterstellen wir zwar intuitiv, aber wohl eher aus narzisstischen Gründen.

Die Gründe für dieses Wendemanöver liegen auf der Hand: Kognitive Systeme müssen alle Ereignisse in ihrer Umwelt so kodieren, dass sie diese systemspezifisch be-/verarbeiten können, und diese Be-/Verarbeitung samt der Bewertung der Ergebnisse erfolgt allein durch das Management des vom System beherrschbaren Orientierungsapparats (= Komplexitätsaufbau). Damit wird deutlich, dass unter der Umwelt eines Systems genau diejenigen Umweltbezüge bzw. Umweltkontakte des Systems zu verstehen sind, die dem System die Handhabung der Differenz Selbstreferenz/Fremdreferenz eröffnen. Entsprechend steht zum einen die Interaktion und Kommunikation kognitiver Systeme unter der Dauerkautele selektionsbedingter Kontingenz, zum anderen wird klar, dass Systeme und ihre Umwelten sich gegenseitig konstituieren.

Mit der grundsätzlichen Entwicklung in Richtung Reflexivierung aller kognitiv und sozial zentralen Prozesstypen sind insofern wichtige Weichenstellungen für jede nachfolgende Theoriebildung erfolgt, als damit bestimmte (wissenschaftsgeschichtlich durchaus honorige) Optionen nicht mehr zur Verfügung stehen. Das betrifft vor allem Input/Output-Modelle, Austauschmodelle, Steuerungs- und Prognoseverfahren oder Repräsentations- und Annäherungsmodelle. An ihre Stelle treten Modelltypen wie Selbstorganisation und Konstruktion, Reflexivität, Orientierungs-Orientierung und Selektionssimulation, Viabilität und Regressunterbrechung, die im zeitgenössischen Diskurs unter Stichwörtern wie Systemtheorie und Konstruktivismus diskutiert werden.

Der Grundgedanke ist dabei stets der gleiche: Wenn beobachtende Systeme nur beobachten können, was sie beobachten und wie sie beobachten (weshalb es keinen Sinn macht, fragen bzw. sagen zu wollen, was der Beobachtung vorausliegt oder was das Beobachtete an sich ist), dann muss die Beobachtungsrichtung vom System in Richtung Umwelt gehen und nicht umgekehrt; denn dann konstruiert das beobachtende System durch die Rekursivität seiner eigenen Operationen (also durch kognitive Reflexivität) seine eigenen Ordnungszustände ebenso wie (s)eine Umwelt. Wohlgemerkt nicht, indem es *ex nihilo* Umwelten fabriziert (denn ohne Umwelt keine kognitive Ordnungsbildung), sondern indem es aus eigenen Operationen und wahrgenommenen Umweltfaktoren eine interne Repräsentation *für* Wirklichkeiten/Umwelten entwickelt, die im Handeln und Kommunizieren auf ihre Viabilität hin geprüft werden kann. Mit anderen Worten: Auch das Verhältnis von System und Umwelt ist komplementär und operiert auf dem Mechanismus von Setzung und Voraussetzung; denn wenn Umwelt bestimmt wird als die Menge der Umweltbezüge eines Systems, dann sind System und Umwelt sozusagen gleich wichtig, auch wenn die Richtung der Beobachtung immer vom System ausgeht.

Um mit diesen Grundgedanken nicht in einer alt-konstruktivistischen Subjektfixiertheit zu verbleiben, ist eine Kontextualisierung vonnöten, wie sie die hier skizzierte Geschichten&Diskurs-Philosophie in Form der Argumentation liefert, dass zwar alle Operationen systemgebunden ablaufen, dass aber genau zwischen Operation bzw. Prozess und Sinnorientierung als Komponenten eines autokonstitutiven Zusammenhangs unterschieden werden muss. Ohne die Einbettung des Wirkungszusammenhangs von Geschichten&Diskursen in den Wirkungszusammenhang von Wirklichkeitsmodellen&Kulturprogrammen, in den alle Aktanten verstrickt sind, wäre soziales Handeln unmöglich.

Aber auch für diesen komplexen Zusammenhang zwischen Operation und Sinnorientierung gilt wieder das «Reflexivierungsgebot». Das heißt, die Orientierungspotenziale in den genannten Wirkungszusammenhängen gehen zwar in ihrem Reichweiten- und Verpflichtungsanspruch über das Einzelindividuum hinaus, wodurch sie überhaupt erst zur Sozial- und Systemintegration von Aktanten taugen; aber wenn diese Orientierungspotenziale nicht von Aktanten zur (wie bewusst auch immer vollzogenen) *Selbstorientierung* genutzt werden, bleiben sie funktionslos. *Sinn besteht nicht, er muss gemacht werden.* Aber andererseits gibt es auch keine Möglichkeit, nicht in jeder Setzung auch tatsächlich «Sinn zu machen», weil Sinn immer schon vorausgesetzt ist – wir können keine voraussetzungslose Setzung vollziehen.

Damit aber sind alle Operationen von Aktanten mit einer doppelten *Unsicherheit* belastet: Welche Orientierungspotenziale werden in Geschichten&Diskursen tatsächlich genutzt, und wie sieht diese Nutzung im Einzelnen aus? Da solche Nutzungen in aller Regel weder bewusstseinsfähig noch bewusstseinspflichtig sind, ist sowohl ihr Nachvollzug als auch ihre Kontrolle schwer, was jeder weiß, der Handlungen anderer zu verstehen versucht. Und auch der Versuch einer kommunikativen Thematisierung ist problematisch, da er sich notwendigerweise im Rahmen der Orientierungspotenziale für sprachliche und nicht-sprachliche Handlungen in Geschichten& Diskursen vollzieht. Das wird besonders deutlich bei Versuchen einer Orientierungs-Orientierung im affektiven Bereich. – Nicht zuletzt deshalb versuchen Romane oder Filme immer wieder, Beispiele dafür zu schildern, wie man es anstellen muss, geliebt zu werden, weil/wenn man selbst liebt.

Bewusstsein, Kommunikation und nicht-sprachliches Handeln integrieren immer zwei Orientierungsrichtungen: Selbst- und Fremd-orientierung. Aktanten orientieren sich auf ein bestimmtes (erwarte-tes) Ziel hin; aber zugleich werden solche Orientierungen (intendiert oder nicht) anderen Aktanten als Orientierungs-Orientierungen, also als Optionen für Selbstorientierungen zur Verfügung gestellt.

Orientierungs-Orientierung als Instantiierung von *Reflexivität* verdeutlicht auch ohne biologische Anleihen, was unter operativer Schließung verstanden werden kann. Wenn ein kognitives System sich nicht objektiv auf eine real existierende Umwelt beziehen kann, sondern jeder Umweltkontakt sich als eine bestimmte Form von Selbstkontakt vollzieht, der einer Spezialsemantik von Gegenstands-welt unterzogen wird, dann lassen sich die Selbstorientierungsma-növer dieses Systems wie folgt bestimmen: Wahrnehmungen werden an Wahrnehmungen gemessen, Erfahrungen an Erfahrungen und Erwartungen (als kondensierten Erfahrungen) überprüft, aus Han-deln und Kommunizieren gewonnenes Wissen an Wissen abgearbei-tet. Wirklichkeit erscheint *in* diesen Operationen sozusagen als Er-folgserlebnis (Wirklichkeit als Emergenzphänomen) und damit als genauso unbefragt wirklich, wie sie Aktanten in Geschichten&Dis-kursen erscheint. Wirklichkeiten, so könnte man sagen, sind erst dann von uns und für uns erfolgreich gelebt, wenn die Bedingungen dieses Erlebens invisibilisiert (worden) sind.

Damit Orientierungs-Orientierungen überhaupt eine Chance auf Gelingen haben, müssen wichtige Voraussetzungen erfüllt sein, al-len voran die als kollektives Wissen gemeinsam genutzten opera-tiven Fiktionen sowie die Einbindung der Handlungs- und Kommu-nikationspartner in Geschichten und Diskurse.

Während diese Voraussetzungen als implizite und in der Regel unbewusste Kontrollparameter in den Aktanten wirken und deren individuelle Praxis in soziale Praxis transformieren, haben Gesell-schaften noch andere Kontrollmöglichkeiten entwickelt, die vorwie-gend bewusst wirken. Diese Kontrollinstanzen kann man drei

Typen zuordnen: hierarchische (Religion, Recht), heterarchische (gemeinsames Monitoring jeder Art, Geld, Märkte jeder Art) und schematische (Konformitätsmuster, Habitus im Sinne von P. Bourdieu, Institutionalisierungen jeglicher Art). Sie wirken von lokalen bis zu globalen Ebenen. Der Grad an Orientierungs-Orientierungserfolgen liegt hoch bei sozialen Gruppen mit intensiv diskutierten gemeinsamen Interessen und Werten (wie bei Bürgerinitiativen, Greenpeace usw.). Er sinkt erfahrungsgemäß in Konfliktfällen, in denen jeder auf der Richtigkeit seiner eigenen Orientierung beharrt.

Orientierungs-Orientierung ist eine brauchbare Formel für die Lösung des Problems, wie die Differenz von kognitiver Autonomie und sozialer Kontrolle bearbeitet werden kann. Während im Konzept der strukturellen Kopplung, das oft für die Lösung dieses Problems verwendet wird, immer ein Moment direkter Verbindung mitschwingt, verweist Orientierungs-Orientierung darauf, dass kognitive Autonomie und soziale Orientierung gleichermaßen nicht nur möglich, sondern wechselseitig konstitutiv sind, weil die zur Orientierungs-Orientierung benutzten operativen Fiktionen zugleich kognitiv prozessierbar und kommunikativ thematisierbar und begründbar sind.

In den vorangegangenen Überlegungen hat der Mechanismus der *Reflexivität* sich als ein hochgradig generativer Mechanismus erwiesen, der gewissermaßen seine eigene prozessuale Ontologie generiert. Das beginnt mit dem Bewusstsein, welches sich in reflexiver Bezugnahme auf sich selbst seiner selbst bewusst wird. Das erweist sich aber auch in der Herstellung sozial viabler Ordnungen in anderen zentralen Bereichen von Geschichten und Diskursen. Dieser Prozess soll im Folgenden an dem Bezugstripel erläutert werden, das in Kapitel 7 als spezifisch für Kommunikation bestimmt worden war, nämlich *Identität*, *Moral* und *Wahrheit*.

Dabei ist der Grundgedanke immer der gleiche: Individuen wie Gesellschaften präsentieren sich anderen Individuen und Gesellschaften im Modus der Differenz Alter/Ego bzw. Wir/die anderen. Diese Präsentation unterliegt zwei Bedingungen: Sie muss für den Präsentierenden kohärent sein, und sie muss von anderen akzeptiert und sozusagen zurückgespiegelt werden. Um beide Bedingungen erfüllen zu können, brauchen Individuen wie Gesellschaften *Identitätsordnungen*, um diese prekären Attributionsprozesse nicht aus dem Ruder laufen zu lassen.

Ähnliches gilt für die Ordnung der Interaktionen zwischen Aktanten unter dem Gesichtspunkt der Wertorientierung sowie für die Ordnung der Kommunikationen in Diskursen unter dem Gesichtspunkt der Wahrheit. In beiden Fällen sind Strategien kultureller Kontingenzbearbeitung sowie – dadurch erzwungen – Unterbrechungsmechanismen für infinite Regresse erforderlich. Diese Aufgabe erfüllen Moral als Legitimationsunterbrecher und Wahrheit als Begründungsunterbrecher.

11. IDENTITÄT

Im Zwischenfazit 2 war bereits erläutert worden, dass Identität zu den Reflexivitätsprodukten gehört, mit deren Hilfe Gesellschaften zwei zentral wichtige Differenzen bearbeiten, nämlich die Differenz Alter/Ego sowie die Differenz Wir/die anderen. Der dieser Bearbeitung zugrunde liegende Mechanismus von Setzung und Voraussetzung lässt sich wie folgt skizzieren.

Ego *setzt* sich durch Bezugnahme auf sich selbst *als Ego* vor der Folie der *Voraussetzung*, dass es außer ihm noch ein anderes Ego, nämlich Alter gibt, das ihn wiederum als Voraussetzung seiner eigenen Ego-Setzung setzt. Ohne die Möglichkeit dieser Differenzsetzung und Differenznutzung wäre jede Setzung von Ego als Ego sinn- und funktionslos. Zugleich wird klar, dass mit dem Bewusstsein als reflexiver Bezugnahme *Ich* qua Ich-Bewusstsein notwendig gesetzt wird. Ich ist der Ausgangspunkt aller Bezugnahmen des Bewusstseins und der Referenzbereich für die Selbstzuschreibung von Intentionen, Handlungsfähigkeit, Willen usw.

Wir haben es also mit einer doppelten Setzung zu tun. Das Bewusstsein setzt sich im Verlauf der reflexiven Bezugnahme auf sich selbst als Ich, wobei «selbst» nichts anderes bedeutet als die Richtung der Bezugnahme. «Ich» ist damit ein Synonym für «Selbst-Bewusstsein» und fungiert – wie G. Roth (2001, 326) ausführlich begründet hat – als Zentrum einer virtuellen Welt, die wir als unsere Erlebniswelt oder Wirklichkeit erfahren.

Das *kognitive Ich* setzt sich als *soziales Ego* durch Differenzsetzung zu einem (anderen Ego als) Alter. Dieser Prozess basiert auf der Reflexivität der Wahrnehmung. A und B nehmen sich gegenseitig wahr und können wahrnehmen, dass sie jeweils vom anderen wahrgenommen werden. Daraus resultiert eine bestimmte Form von Wissen (A weiß, dass B weiß), das wiederum reflexiv werden kann: A weiß, dass B weiß, dass A weiß, und beide wissen, dass sie sich selbst und dass sie sich gegenseitig dieses Wissen *zuschreiben*.

An dieser Reflexivitätskonstellation sind folgende Aspekte besonders wichtig:

- Die Differenz von Ego und Alter bringt sich selbst hervor, da keine der beiden Seiten sich allein in dieser Differenz konstituieren kann.
- Die Konstitution dieser Differenz ist auf Zuschreibung und auf freiwillige Bestätigung von Alter angewiesen, das heißt, sie funktioniert als sozialer Prozess. Da sozial relevante Handlungen von anderen bestätigt werden müssen, erzwingt Handeln die Differenzsetzung Alter/Ego.
- Durch die gegenseitige Zuschreibung von Differenzwissen konstituieren Ego und Alter eine partiell gemeinsame Geschichte, die ihre Interaktionen ko-orientiert.
- Kognitive Ich-Identität als Ordnungsbildung der Bezugnahmen des Bewusstseins und soziale Identität als für beide Seiten konstitutives Management der Differenz Ego/Alter bedingen sich gegenseitig im Modus von Setzung und Voraussetzung – ohne Ich-Identität wäre soziale Identität bodenlos, ohne die Möglichkeit sozialer Identität wäre Ich-Identität funktionslos.

Die hier vertretene Hypothese hinsichtlich der Genese und Funktion von Identität lässt sich wie folgt zusammenfassen: Bewusstsein kommt zum Bewusstsein seiner selbst, indem es erfährt, dass es Bewusstsein von etwas ist. Diese kognitive Identität des Bewusstseins kann man als «Ich» bezeichnen. Kognitive Identität erfährt sich als spezifische kognitive Identität, indem Ich erfährt, dass es andere kognitive Identitäten gibt, mit denen es nicht identisch ist. Diese soziale Identität des Ich kann man als «Ego» bezeichnen. In beiden Fällen emergiert Identität als Prozessresultat aus Reflexivitätskonstellationen.

Bewusst gewordene kognitive wie soziale Identität trägt so lange, bis es Anlässe zur neuerlichen Darstellung oder Legitimation gibt. Bei solchen Anlässen fungiert Identität gewissermaßen als Form des Wissens, wie man Bezugnahmen auf sich selbst vollziehen kann und soll.

Die Funktion von Identität kann bestimmt werden als Herausbildung und Stabilisierung von Bezugnahmen, die das Ich sich zurechnet und damit die metastabile Übergangssynthesen leistet. In dieser Hinsicht ist Identität, wie S. Jünger formuliert, Kontinuität des Wandels als Wandel von Kontinuität.

Genau genommen muss die Differenz Alter/Ego aber noch einmal ausdifferenziert werden. ‹Ego› steht für das Selbstbild bzw. die Selbstbeschreibung, die ein kognitives System von sich selbst und für sich selbst entwirft, ‹Alter› für das Partnerbild, das Ego von einem in der Umwelt wahrgenommenen Aktanten bildet. Dieselbe Unterscheidung bildet nun auch Alter, der sich selbst als Ego, den anderen als Alter in seiner Umwelt entwirft. Damit liegen zwei Ego- und Alter-Versionen vor, die jeweils an ein anderes Ich als Bezugspunkt bzw. Ausgangspunkt von Beobachtungen gebunden sind. Das beobachtende Ich kann nun diese Differenz in Form von Selbstbeobachtungen beobachten und aus der Simulation der Fremdbeobachtung Selbstbewusstsein gewinnen. Ego benutzt also die Operationen von Alter (also ein wahrgenommenes Umweltphänomen) zur Konstitution von Selbstbewusstsein. Mit anderen Worten, es erzeugt den instabilen Ordnungszustand «Selbstbewusstsein» ohne äußeren Ordner, also selbst-organisierend, wobei diese Ordnungsbildung gewissermaßen materialisiert wird, indem sich Ego als kohärenten Sinn seiner Geschichten erzählt – und dabei kann Ego nicht irren.

Anders formuliert: Selbstbeobachtung und Fremdbeobachtung

von kognitiver Ich-Identität wie von sozialer Identität stehen in einem mehrfach reflexiven Verhältnis zueinander, das ständige Interpretationen erfordert und entsprechend risikoreich und kontingent ist. Die damit konstituierten Beobachtungsverhältnisse operieren vor dem Hintergrund des in diesen Prozessen *Nicht-Beobachtbaren*, nämlich der Fremdbeobachtung der eigenen Identität. Darum bleibt, wie uns unsere Erfahrung lehrt, das Ich in allen sozialen Interaktionen «immer allein».

Die Herleitung von Identität aus dem wechselvollen Spiel von Setzungen und Voraussetzungen, von Bezugnahmen und Attributionen lässt nur den Schluss zu, dass es sich bei Identität um einen Prozess und dessen Resultate, nicht um eine feste Gegebenheit handeln kann. Identität muss immer wieder hergestellt werden, indem den permanenten Übergängen kognitiver wie sozialer Prozesse durch reflexive Unterbrechung (Diskontinuierung) Strukturen in Gestalt von Selbstbeschreibungen abgewonnen bzw. aufgeprägt werden. Identitätsherstellung vollzieht sich notwendigerweise in Geschichten und Diskursen, was zur Folge hat, dass sie bewusst oder unbewusst an den Ordnungsmustern partizipiert, die Aktanten in Gestalt der Wirkungszusammenhänge Geschichten&Diskurse sowie Wirklichkeitsmodell&Kulturprogramm in einer Gesellschaft zur Verfügung stehen. Beobachtete Bezugnahmen auf sich selbst realisieren sich mithin als kognitive Selbstbeschreibungen (Selbstkommunikationen), die automatisch sozial verfügbare Erzähl- und Argumentationsmuster verwenden.

Identität resultiert nach den bisherigen Überlegungen aus beobachteten Bezugnahmen auf sich selbst in Selbstbeschreibungen (Identitätsbildung für sich selbst) und Selbstdarstellungen (Identitätsbildung für andere). Beide Prozesse ereignen sich in konkreten Bezugsräumen, nämlich in Geschichten und Diskursen.

Bei der *Darstellung* von sozialer Identität kommt es entscheidend auf die Kontinuität der Darstellung für die jeweils relevanten Bezugsgruppen an sowie darauf, dass die Darstellungsvarianten in verschiedenen Gruppen für den darstellenden Aktanten miteinander kompatibel bleiben sowie von den Gruppenmitgliedern akzeptiert oder zumindest toleriert werden. Treten dagegen Ambiguitäten und Konflikte auf, dann kommt es zu einem Aufbau so genannter negativer Identität oder zu pathologischen Reaktionen in Form von Psychosen oder Neurosen.

Die kommunikativen Selbstbeschreibungen, in denen Identitätsdarstellungen vollzogen werden, müssen sich gesellschaftlich akzeptabler Sinnschemata vor allem in Gestalt von Erzählschemata bedienen, die sich Aktanten gegenseitig als kollektives Wissen attribuieren. Auf diese Weise kann erwartet werden, dass solche Darstellungen verstanden werden und gewünschte Anschlussoperationen auslösen.

In kognitiven wie in kommunikativen Selbstbeschreibungen – prototypisch in Autobiographien – entwerfen wir als Aktanten eine dynamische biographische Ordnung, unter die wir unsere Handlungen und Kommunikationen in unseren Geschichten und Diskursen bringen. Dabei richten wir unsere Selbstbeschreibungen wie unsere Selbstdarstellungen aus an den von uns beobachteten Fremdbeobachtungen und Fremdbeschreibungen, die andere von uns anfertigen und uns kommunizieren. Dass wir solche Beschreibungen wiederum «lesen» müssen, um sie zu verstehen, verweist erneut auf die hohe Kontingenz aller identitätsrelevanten Prozesse. Kurzum: Die Bildung und Stabilisierung von Identität hängt davon ab, ob es Aktanten gelingt, Ereignisse zu sinnvollen Handlungen und Handlungen zu sinnvollen Geschichten zu synthetisieren und sich zuzurechnen.

Kognitive Selbstbeschreibungen wie kommunikative Selbstdarstellungen erfolgen nicht ununterbrochen, sondern erfordern für relevant gehaltene *Anlässe*. Solche Anlässe sind im kognitiven Bereich gegeben, wenn Lücken, Inkohärenzen oder Widersprüche in den Selbstbeschreibungen bemerkt werden. Im kommunikativen Bereich treten sie auf, wenn uns andere auf Lücken, Inkohärenzen oder Widersprüche unserer Selbstdarstellung hinweisen oder diese ganz in Zweifel ziehen.

Prozesse der Identitätsbildung gewinnen ihre *Spezifik* aus der Selektivität von Geschichten und Diskursteilnahmen von Aktanten sowie aus deren Phantasie und Kreativität. Dabei geht es um die Erkennbarkeit und Bewertung der Differenz zwischen eigenen und fremden Geschichten (also das, was man die Gewöhnlichkeit oder Ungewöhnlichkeit eines «Lebens» nennt), um die Art und Bedeutsamkeit der Diskurse, an denen Aktanten teilnehmen, sowie um die Beiträge, die sie leisten. Nicht zufällig werden außergewöhnliche Beiträge wie Theorien oder Erfindungen dem Urheber namentlich zugeschrieben und dadurch zu dauerhaften Bestandteilen seiner Biographie gemacht.

Am Grad öffentlicher Bekanntheit und sozialer oder politischer Einflussmöglichkeiten bemisst sich auch der Grad der *Durchsetzungsfähigkeit* bestimmter Identitätsdarstellungen. Während in früheren Jahrhunderten die Mächtigen noch in der Lage waren, Art und Akzeptanz ihrer Selbstdarstellung zu diktieren, sind diese Möglichkeiten in Medienkulturgesellschaften erheblich reduziert. Hier kommt es vielmehr in erster Linie darauf an, die Kohärenz der Selbstdarstellung auch unter der Dauerbeobachtung durch «die Medien» einigermaßen aufrechtzuerhalten.

In dieser Situation wird ein weiterer wichtiger Aspekt von Identitätsbildung deutlich, und zwar der Aspekt der *Gedächtnisabhängigkeit* von Identität (autobiographisches Gedächtnis). Das mit der Identitätsdarstellung implizit geleistete Versprechen «Ich bin/bleibe ich für mich und für euch» kann nur dann eingelöst werden, wenn das Problemlösungsgedächtnis eines Aktanten zu Zwecken der Rückschau wie der Vorschau funktioniert. Nur dann wird die Präsupposition der Selbstdarstellung eines Aktanten glaubwürdig, er sei Herr der Kohärenz und Plausibilität seiner Geschichten und Diskurse (also Herr im eigenen Hause), seiner Vergangenheit (bzw. seiner Erinnerungen) wie seiner Zukunft (bzw. seiner Planungen). Die qua Identität geleistete Ordnungsbildung und Sinngebung kann sich notwendigerweise nicht nur auf die jeweils aktuellen Geschichten und Diskurse beziehen, sondern muss sozusagen großflächigere Arrangements konstituieren. Man muss sich an alle relevanten Ich-Erzählungen erinnern können, die man anderen in unterschiedlichen Konstellationen als «das bin ich» präsentiert hat. Man muss sich aber auch an seine Selbstbeschreibungen erinnern können, die man im Laufe der Zeit angefertigt hat, um sie als kohärent und kontinuierlich empfinden zu können. Dabei kommt es, wie beim Erinnern generell, nicht darauf an, ob die Erinnerungen objektiv wahr sind, sondern allein darauf, ob sie Kohärenz stiftend und legitimatorisch *wirken*.

An Prozessen der Identitätsbildung und Identitätsdarstellung sind nicht nur kognitive, sondern auch affektive und moralische Aspekte zu beobachten.

- Unter dem kognitiven Aspekt geht es vor allem um Wahrheit und Aufrichtigkeit. Wollen wir von anderen positiv eingeschätzt werden, dann müssen wir den gesellschaftlichen Erwartungen an die Aufrichtigkeit und Wahrheitsgemäßheit unserer Selbstdarstellungen entsprechen. – Nicht ohne Grund gibt es in der Roman- und Theaterliteratur so viele Auseinandersetzungen mit dem Thema «Lebenslüge».
- Unter dem affektiven Aspekt geht es darum, dass Identitätsherstellung und Identitätsdarstellung von uns nur dann als befriedigend empfunden werden, wenn eine positive Lust-Unlust-Äquilibrierung (im Sinne von L. Ciompi) im Balanceakt zwischen persönlichen Wünschen und Bedürfnissen und gesellschaftlichen Anforderungen erreicht wird.
- Unter dem moralischen Aspekt geht es darum, mit sich selbst wertmäßig «im Reinen» zu sein, das heißt, sich nicht als Heuchler betrachten zu müssen. Zum anderen müssen wir uns den Interaktionspartnern moralisch integer präsentieren, um von ihnen akzeptiert zu werden. Darum macht uns moralische Kritik beson-

ders betroffen, weil sie unsere soziale Reputation entscheidend schwächt. Das wird zum Beispiel besonders deutlich, wenn in politischen Auseinandersetzungen, in denen die Sachargumente ausgehen oder keine Rolle mehr spielen, der Gegner verdächtigt oder gar beschuldigt wird, moralisch nicht integer zu sein.

Kommen wir zu der Differenz Wir/die Anderen, also zur Frage der *sozialen Identität*. Zur Klärung dieser Frage können viele der bisher entwickelten Argumente herangezogen werden, vor allem die generelle Annahme, Identität sei ein Reflexivitätsprodukt.

Parallel zur Unterscheidung von kognitiver und sozialer Identität im Hinblick auf Aktanten kann auch im Blick auf «Gesellschaft» (verstanden als Diskursfiktion) zwischen kognitiven und kommunikativen Aspekten unterschieden werden. Dabei wird der kognitive Aspekt durch den Wirkungszusammenhang Wirklichkeitsmodell&-Kulturprogramm bestimmt, der gegeben sein muss, soll auf dieser Voraussetzung eine soziale Identität in Form der Handhabung der Unterscheidung Wir/die Anderen gesetzt werden. Diese Differenz muss sowohl von den Mitgliedern der Gesellschaft, als auch von anderen Gesellschaften akzeptiert und damit sozial attribuiert werden.

Die Differenz Wir/die Anderen wird vor allem über narrative Strategien der Selbstvergewisserung und Geschichtsschreibung aufgebaut, wobei so etwas wie eine soziale Autobiographie einer Gesellschaft (im Sinne von A. und J. Assmann) aufgebaut wird. Diese soziale Autobiographie ist einerseits über die kognitiven Bereiche der Gesellschaftsmitglieder verteilt, andererseits in den Organisationen einer Gesellschaft verkörpert.

Differenzbildende Narration, die Eigenes und Fremdes voneinander unterscheidet, operiert vor allem mit zwei Strategien, und zwar mit *Gedächtnispolitik* und mit *Stereotypisierung*.

- Gedächtnispolitik wird insofern betrieben, als die Vergangenheit einer Gesellschaft als Agent gegenwärtigen Selbstbewusstseins kommunikativ «zugerichtet» wird. Beschönigen, Vergessen und Verdrängen dienen dabei als geeignete Verfahren im Umgang mit Archiven, die je nach Interessen und Motivationen selektiv genutzt werden – und zwar umso selektiver, je umfangreicher diese Archive werden.

- Stereotypisierung dient dem Aufbau leicht überschaubarer und narrativ vermittelbarer Komplexität bei der Beschreibung und Bewertung «der anderen». Sie verkürzt Kommunikationen, erleichtert Legitimationen und lässt Werturteile selbstverständlich erscheinen. Und auch hier geht es wohlgemerkt nicht in erster Linie um Wahrheit, sondern um die kommunikative Effizienz der Stereotype.

Angesichts der großen Bedeutung von identitätsstiftenden Erzählungen liegt die Bedeutsamkeit von *Medien* auf der Hand. Die Spezifik der verschiedenen Medien bestimmt in relevanter Weise, welche Art von Erzählungen in welcher Form für welchen Adressatenkreis erzählt werden können. Die Verfügbarkeit über Medien bestimmt nicht nur den Grad der Verbreitung, Speicherung und Veränderbarkeit identitätsstiftender Erzählungen (man denke nur an den Unterschied zwischen oralen und literalen Traditionen), sondern auch deren Positionierung in der gesamtgesellschaftlichen Kommunikation. Eine Gesellschaft, in der alle zum Beispiel mit dem einen verbindlichen Nationalepos vertraut sind, hat keine Identitätsprobleme. Mediengesellschaften mit einer Flut von verfügbaren Nationalepen geraten in schwierigere Identitätskonstellationen, weil sie ein klassisches integratives Identitätsinstrument verloren haben.

Auch im Bezug auf gesellschaftliche Identität bleibt aber das Grundmuster bewusster Identitätsbildung erhalten. Danach entsteht Identität durch ordnende Bezugnahme auf die Abfolge der eigenen Bezugnahmen auf sich selbst *als diese bestimmte Gesellschaft* in Form von Erzählungen davon, wer man im Unterschied zu anderen ist.

Dass die Herstellung und Darstellung sozialer Identität wie die persönlicher Identität hochgradig affektiv besetzt und moralisch bewertet ist, muss nicht weiter erläutert werden. Als ein komplettes Beispiel für diese Zusammenhänge kann die deutsche Nachkriegsgesellschaft angeführt werden, deren Identitätsprobleme bis heute akut und ungelöst sind; denn bis heute klafft in der deutschen Autobiographie eine Begründungs- und Legitimationslücke von zwölf Jahren, die nicht sinnvoll geschlossen werden kann. Für die Setzungen, die in diesem Zeitraum geschehen sind, lassen sich bis heute keine legitimen Voraussetzungen finden – das macht ihren Skandal aus.

12. MORAL

Kulturprogramme regeln in sozial verbindlicher Weise die gesellschaftlich akzeptablen Bezugnahmen von Aktanten auf das Wirklichkeitsmodell einer Gesellschaft. Bei der Analyse der Bedingungen von Kommunikation war darauf hingewiesen worden, dass in der Reflexivität der Wahrnehmung zwei reflexive Mechanismen entstanden sind: Erwartungs-Erwartungen hinsichtlich dessen, was sich die Interaktions- und Kommunikationspartner als so genanntes enzyklopädisches Wissen bzw. als Weltwissen unterstellen, sowie Unterstellungs-Unterstellungen hinsichtlich der Motive, Intentionen und Wertorientierungen bzw. Bewertungen der Handlungen der anderen.

Auch Unterstellungs-Unterstellungen werden in jeder Gesellschaft systematisiert und dienen Ego als Orientierung für die Selbsteinschätzung sowie für die Einschätzung von Alter, seinen Handlungen, Motiven, Einstellungen und Wertorientierungen. Unterstellungs-Unterstellungen regulieren die Bandbreite der reflexiven Bezugnahmen auf die bewertende Einschätzung der jeweiligen Partnerbilder. Das damit entstehende und wirksame kollektive Wissen steuert durch Reflexivität die Bezugnahmen auf die Bewertung von Handlungen und Aktanten und sichert damit die Sozialität solcher Bezugnahmen durch Aktanten. Moral, so lässt sich in einem ersten Definitionsversuch sagen, kann bestimmt werden als die dynamische Ordnung für kollektiv akzeptable *bewertende* Bezugnahmen auf Aktanten, Handlungen und Kommunikationen, kurz auf alle Komponenten von Geschichten.

Per Reflexivität als operative Fiktion verfügbar, bearbeitet Moral in kontingenter Weise Kontingenz, wobei auch hier für die Aktanten die Kontingenz dieser Bearbeitung dadurch invisibilisiert wird, dass die moralischen Ordnungsprinzipien wie blinde Flecken in Kulturprogrammen wirken. Das verschafft dem Handeln in Geschichten Bewertungssicherheit; denn in Diskursen kann der Legitimationsbedarf von Bewertungsoperationen durch Hinweis auf die Verbindlichkeit moralischer Orientierungsprinzipien mit Erfolg abgebrochen werden.

Diese doppelte Funktion von Moral als *Invisibilisierung der Kontingenz* von Wertorientierungen und als *Unterbrechungsinstanz in Legitimationsdiskursen* für solche Wertorientierungen soll im Folgenden näher erläutert werden.

Wenn Handeln, Kommunikation und Identität die Interaktion mit anderen voraussetzen und auf diese Art die Differenz von Alter und Ego konstituieren, dann ist damit das Problem aufgeworfen, wie die reflexive Beziehungsstruktur zwischen Alter und Ego, nämlich Egos Bild von Alter und Alters Bild von Ego, sozial geregelt werden kann. In beiden Fällen geht es ja gemäß der Logik der bisherigen Überlegungen darum, wie die eigenen kulturprogrammierten Bezugnahmen auf das Wirklichkeitsmodell und die Bezugnahmen zugleich kognitiv gedeutet, affektiv erlebt und moralisch bewertet werden. Diese Bewertung, die in allen Handlungen und Kommunikationen bewusst oder unbewusst «mitläuft», operiert mit einer grundlegenden Unterscheidung, die die Achtung bzw. die Ächtung eigener und fremder Handlungen regelt, nämlich die Unterscheidung *gut/böse*.

Im Folgenden wird ein Konzept erprobt, das Moral als Einheit der Unterscheidung von gut und böse bzw. von Achtung und Ächtung modelliert. Dabei wird versucht, die Argumentation nicht in eine ontologische Falle laufen zu lassen. Das bedeutet, ‹gut› und ‹böse› werden als *Attribute* verwendet, die nicht durch Substantivierung zu den metaphysischen Chimären des Guten und des Bösen gemacht werden. Es geht allein darum, was *wir* als gut und als böse *bezeichnen und empfinden* und wann wir diese Attribute verwenden, und nicht darum zu sagen, was gut und was böse *ist.*

Hinsichtlich der *Genese* von Moral dürfte folgende Hypothese plausibilisierbar sein:

Die reflexive Bezugnahme der Aktanten aufeinander stellt nicht nur eine kognitive und emotionale Herausforderung dar, sondern erzwingt eine Bewertung dieser Bezugnahme durch jeden einzelnen Aktanten. Die elementare Ordnung für solche Bewertungen, die sozial relevant ist, stellt die Differenz gut/böse dar. Sobald der reflexive Unterscheidungsmechanismus von gut und böse evolutionär und sozialisatorisch verinnerlicht war, weil jeder in der Kommunikation erfuhr, dass er damit rechnen musste, dass alles, was er tat, dieser Bewertung unterzogen werden konnte, waren auch die in der Kommunikation rekurrenten Maßstäbe, die zur jeweiligen Anwendung der Gut-böse-Kodierung führten, dauerhaft verinnerlicht. Mit dieser Verinnerlichung war zugleich eine affektive Reaktion verbunden, nämlich die der Scham. Das heißt, wer gegen diese verinnerlichten Maßstäbe verstieß, der schämte sich, auch wenn seine Selbstbeobachtung nicht durch andere beobachtet wurde; denn wer wollte schon böse sein und Schlechtes tun? Die moralischen Orientierungen funktionierten äußerst unauffällig als operative Fiktionen, also wiederum als bei (allen) anderen unterstelltes kollektives Wissen in Bezug auf den vorausgesetzten Wirkungszusammenhang von Wirklichkeitsmodell&Kulturprogramm.

Für diesen Zusammenhang haben vor allem die christlichen Religionen einen ebenso vagen wie effektiven Begriff entwickelt, nämlich den Begriff des «Gewissens». Koppelt man den Begriff vom Bezug auf Gott ab, dann kann man sagen, das Gewissen sei die innere Stimme der Sozialisationsinstanzen, die nur an unser «inneres Ohr» dringt. Gerade deshalb ist diese Stimme aber so dringlich, weil ihre Botschaft mit zu den unbefragten Überzeugungen gehört, die in Kindheit und Jugend entstehen. Es ist sicher kein Zufall, dass noch heute der öffentliche Appell an das Gewissen von Aktanten eine wirksame Kommunikationsstrategie bildet.

Die Genese *individueller* moralischer Überzeugungen in Form von unbefragten Übernahmen sittlicher Grundsätze in Kindheit und Jugend führt dazu, dass Moral «immer schon da ist» bzw. dass der einzelne Aktant in Sachen Moral immer zu spät kommt. Er hat schon «eine Moral» und «ein Gewissen», ehe er über moralische Fragen nachdenken kann, weil Geschichten und Diskurse von moralischen Orientierungen durchzogen sind, die jede Form von Interaktivität regulieren. Hinter seine Geschichten und Diskurse aber kommt kein Aktant zurück. Und darum hat die Moral im Unterschied zur Ethik auch weder Anfang noch Ende.

Moralische Grundsätze bildeten sich evolutionär heraus als sittliche Prinzipien der Achtung oder Missachtung eigener und fremder Handlungen und Überzeugungen. Die Frage nach den Gründen für die Entstehung und Wirkung von *sozialen* moralischen Grundsätzen kann wie folgt beantwortet werden. Sozialität entsteht durch die Vernetzung reflexiver Strukturen. Aktanten entwickeln in der gegenseitigen Wahrnehmung und (intendierten) Beobachtung Erwartungs-Erwartungen hinsichtlich des gegenseitig unterstellten Wissens sowie Unterstellungs-Unterstellungen hinsichtlich der gegenseitig unterstellten Handlungs- und Kommunikationsmotive in Situationen, in denen verschiedene Optionen gewählt bzw. Entscheidungen getroffen werden können. In solchen Situationen schreibt man dem Anderen Verantwortung für die gewählte Option zu, weil er ja auch anders hätte wählen können, weiß bzw. erfährt aber auch, dass die anderen mit einem selbst ebenso verfahren. Verantwortung setzt allerdings Maßstäbe voraus, die gemeinsam akzeptiert und befolgt werden und über die kommunikative Einigung in Geschichten und Diskursen erzielt werden kann. Kurz gefasst könnte man daher sagen: *Der Mensch braucht Moral, weil und wenn er sozial (also reflexiv mit Hilfe operativer Fiktionen) handelt, und er handelt sozial, weil und wenn er moralisch handelt, und die moralischen Grundsätze werden kommunikativ konstituiert legitimiert und verändert.* Moralische Orientierungen sind in Geschichten und Diskursen legitimierbare situative Problemlösungen in verantwortungsvoller Haltung, die sich bei gutwilligen Interaktionspartnern in Geschichten&Diskursen von selbst verstehen. Darüber hinausgehende Forderungen müssten physische Macht hinter das Sollen stellen. Nicht der Zweck heiligt die Mittel, sagt daher H. von Foerster zu Recht, sondern die Mittel heiligen den Zweck.

Moralische Orientierungsprinzipien lassen sich demnach beschreiben als von relevanten gesellschaftlichen Gruppen geteilte, hochgradig affektiv besetzte und kommunikativ wie handlungspraktisch bewährte Verhaltens- und Bewertungserwartungen an Reden und Handeln, die aus dem Erfahrungskontext von Geschichten und Diskursen stammen, sich dort bewähren und sich dort wandeln. Als moralische Orientierungsprinzipien können alle diejenigen Deutungsmuster für Handlungen und Kommunikationen angesehen werden, die Aktanten in ihren Lebensvollzügen für akzeptabel, normal, vernünftig, typisch, selbstverständlich und für sich und andere verbindlich halten und die deshalb im Alltag kommunikativ durch Verweis auf gesellschaftliche Selbstverständlichkeiten einklagbar sind. Moralische Prinzipien sind das, was sich in einer sozialen Gruppe bzw. in einer Gesellschaft in sittlichen Fragen *von selbst versteht*. Eine Moral «hat man», sie liegt in der Handlung selbst, sie lebt im Leben. Darum kann man auch sagen, dass Moral erst in Konfliktsituationen problematisch wird. Wenn vom Guten nicht die Rede ist, herrscht Selbstverständlichkeit.

Moralische Grundsätze können nicht nur unter kognitiven Gesichtspunkten behandelt und beurteilt werden, sondern auch unter *affektiven* und *moralischen* Aspekten. Sie besitzen einen kommunizierbaren semantischen Gehalt, der aus dem Bezug auf das Wirklichkeitsmodell resultiert. Sie sind in der Regel stark affektiv besetzt, weil es um «ein ruhiges Gewissen» sowie um soziale Achtung oder Ächtung geht. Und sie werden automatisch auch moralisch bewertet – die eigenen Grundsätze sind auf jeden Fall gut, sonst würde man sie nicht befolgen.

Der Zusammenhang zwischen kognitiven, affektiven und moralischen Aspekten moralischer Grundsätze zeigt sich auch deutlich in der moralischen Kommunikation. Hier wird vor allem personalisiert: Unmoral wird personalisiert, Moral entpersonalisiert – die bösen anderen und das Gute an sich. Gefühle sind notwendigerweise im Spiel, wenn es um Achtung oder Ächtung geht. Dann zeigen – wie oben bereits erwähnt – die Prinzipienverletzer Scham und Reue und ihre Ankläger Empörung und Überlegenheit, und das nicht nur auf der verbalen, sondern vor allem auch auf der non-verbalen Ebene, also kommunikativ wirkungsvoll. In solchen Situationen sind jedoch keineswegs alle Mittel erlaubt, das heißt, es gibt auch für die moralische Kommunikation eine gesellschaftlich verbindliche Moral für den Umgang mit Moral, um Auswüchse des moralischen Diskurses zu vermeiden.

Moralische Grundsätze bilden einen bestimmten Bestandteil des kollektiven Wissens der Mitglieder einer Gesellschaft. Sie funktionieren im Handlungsvollzug wie blinde Flecken. Erst im Konfliktfall wird – wie bereits erwähnt – die (Un-)Vereinbarkeit von Handlungen und moralischen Grundsätzen zum Thema moralischer Kommunikation. Konflikte, also Situationen, in denen die Selbstverständlichkeit moralischer Orientierungen in Frage gestellt wird, geben Anlass zur Entstehung einer neuen Differenz, nämlich der zwischen Moral als Handeln nach bewährten Prinzipien und *Ethik* als Reflexionstheorie der Moral (im Sinne von N. Luhmann), die allgemeine Begründungen für moralische Prinzipien zu finden versucht.

Solche Konfliktfälle treten immer dann auf, wenn in einer Situation *Freiheitsgrade* bestehen, wenn also verschiedene Optionen gewählt werden können. Dann kann ein Aktant unsicher werden, welche Option er wählen soll, oder ein Beobachter kann ihm vorwerfen, dass er die falsche Entscheidung getroffen hat – wobei allerdings zu fragen ist, ob der Aktant die gleichen Optionen gesehen hat und sehen konnte wie der Beobachter. Das heißt im Umkehrschluss: Nur da, wo verschiedene Optionen zur Verfügung stehen, wo also Handlungsfreiräume offen stehen und demgemäß Entscheidungen getroffen werden können und müssen, beginnt Kommunikation über Moral, und zwar immer und notwendigerweise in konkreten Wirkungszusammenhängen von Geschichten und Diskursen. Ebendort finden dann auch die moralisch-praktischen Diskurse über die Richtigkeit bzw. Akzeptanz getroffener Entscheidungen statt, die von den Beteiligten und Betroffenen mit für sie guten Gründen geführt werden.

Während die Moraldiskurse sich auf alltägliches, lebensweltliches Geschehen konzentrieren, ist der Mainstream der *Ethikdebatten* weithin kontextabstrakt und steht unter den Auspizien eines dualistischen, weil beobachterfreien Theoriedesigns. Ethiken halten bis heute am Ziel einer Letztbegründung und damit einer Objektivierung und Universalisierung von Werten und Normen fest. Das aber ist nur möglich, wenn von Aktanten und deren immer sehr konkreter Einbindung (Verstrickung) in Geschichten und Diskurse abstrahiert wird. Mit dem Geltungsanspruch ethischer Normen kollidiert die Tatsache, dass auch Ethiken von Beobachtern/Aktanten in Geschichten&Diskurs-basierten Diskursen im Rahmen ihres jeweiligen Unterscheidungsmanagements fabriziert werden müssen und erst dabei/danach in ein Diskursjenseits projiziert werden können. Ethik tritt auf als Versuch einer endgültigen theoretischen Immunisierung unserer moralischen Überzeugungen im Diskursjenseits. – Vielleicht ist sie deshalb im Diskursdiesseits so folgenlos geblieben.

Wie N. Luhmann (1989 und 1990) zu Recht bemerkt hat, thematisieren Ethiken nie ihren eigenen blinden Fleck, nämlich den scheinbar selbstverständlichen Theoriestart mit der Differenz gut/böse. Wie steht es aber mit dieser Differenz selbst, fragt Luhmann, ist diese Differenz gut oder böse? Und, so könnte man weiterfragen, wird diese Differenz auch in Unterscheidungen auf Ethiken selbst angewandt? Sind Ethiken notwendigerweise entweder gut oder böse oder gar beides?

Der ethische Diskurs weist bis heute eine Konstante auf: Ethiker treten an, um den Legitimationsstreit über Normen und Werte endgültig theoretisch zu beenden – vorläufige Ethiken würden wohl als Widerspruch in sich selbst angesehen werden –, und sie sind bis heute an dieser Aufgabe gescheitert. Moral als Geschichten&Diskursegebundene Anwendung von sittlichen Orientierungsprinzipien für die Achtung oder Ächtung von Aktanten und deren Handlungen und Kommunikationen fungiert dagegen als *pragmatischer* Legitimationsunterbrecher. Das heißt, der Hinweis auf kollektives Wissen, Tradition und viable gesellschaftliche Urteilspraxis begrenzt moralische Diskurse letztlich auf Selbstvergewisserungen, die gestörte Selbstverständlichkeiten wiederherstellen.

Was ist nun aber der Grund dafür, dass Ethiken als theoretische Legitimationsunterbrecher scheitern, während Moralen als pragmatische Legitimationsunterbrecher durchaus erfolgreich sind?

Ethiken sind bemüht, Normen universeller Art aufzustellen und zu begründen, und diese Normen hatten immer die zeitunabhängige Form: Du sollst immer! Sie operieren nicht im Zusammenhang von Geschichten&Diskurse, in dem es um die konkreten Prinzipien sittlicher Lebensführung geht, sondern bilden einen eigenen Zusammenhang von Geschichten und Diskursen, in dem moralische Kriterien von konkreten Fällen gelöst und abstraktiv verallgemeinert werden. Damit aber entzieht die Ethik der Moral und sich selbst die gemeinsamen Geschichten und Diskurse – also den Boden.

Jede Beobachtung von Geschichten und Diskursen lässt erkennen, dass im Bereich des Handelns und Kommunizierens Normen, Werte und moralische Grundsätze so unverzichtbar sind wie Wahrheiten im Bereich kommunikativen Handelns (siehe dazu Kapitel 13). Aber sowenig wie *absolute* Wahrheiten erforderlich sind, um wahre Aussagen zu treffen, so wenig benötigt man *absolute* Normen, Werte und moralische Orientierungsprinzipien, um Handeln sozial kalkulierbar und legitimierbar zu machen. Moralische Grundsätze müssen nur, wie Wahrheiten auch, im Moment der Anwendung bzw. Thematisierung bei Aktanten wie bei ihren Beobachtern selbstverständlich, plausibel und widerspruchsfrei sein und mit

Überzeugung vertreten werden. Und das kann genauso gut für «lokale» Normen und Grundsätze gelten wie für absolute. Konflikte bei der Beurteilung der Verbindlichkeit von moralischen Orientierungsprinzipien können nur zwischen handelnden und beobachtenden Aktanten bzw. zwischen Beobachtern erster und zweiter Ordnung auftreten. Bei solchen Konflikten müssen sich beide darüber klar werden, dass sie in unterschiedlichen Diskursen und Geschichten operieren, was dazu führen kann, dass die Differenzen nicht ausgeglichen werden können. In solchen Situationen kann eine erfolgreiche Problemlösung nur dann erreicht werden, wenn beide im Rahmen einer gemeinsamen Geschichte die moralischen Orientierungsprinzipien herausfinden bzw. entwickeln, die zu einer befriedigenden Problemlösung führen, die keineswegs auf Konsens beruhen muss – Heterogenität erzwingt keineswegs Interaktionsverzicht (siehe Kapitel 15).

Offenbar funktioniert Moral ebendeshalb, weil sie Probleme auf Zeit in Geschichten und Diskursen lösen will. Ethiken brauchen wir bestenfalls, solange sie uns helfen, mittels Reflexion die konkurrierenden Moralvorstellungen auszuhalten.

Ohnehin besteht das Problem moralischen Handelns und moralischer Kommunikation in Geschichten und Diskursen ja nicht darin, absolute Normen auf die je lokale Situation «herunterzubrechen», um sie anwendbar zu machen, sondern darin, den in Geschichten und Diskursen entstandenen und im Handeln in Geschichten und Diskursen als verbindlich akzeptierten moralischen Orientierungsprinzipien Rechnung zu tragen.

Unsere Erfahrung bestätigt die oben vertretene Annahme, dass alle unsere Geschichten und Diskurse bis in den letzten Winkel durchzogen sind von moralischen Bewertungen. Wir haben eine unstillbare Neigung, eigene wie fremde Handlungen und Kommunikationen (zumindest stillschweigend) sofort zu bewerten – selbst wenn wir uns bewusst des Wertens enthalten wollen. Man kann wohl vermuten, dass diese mitlaufende Bewertung eine wichtige Rolle spielt beim Aufbau und der Stabilisierung von Identität durch die Etablierung von Differenzen, die vom Differenzsetzer als für ihn positiv eingeschätzt werden. («So etwas würde *ich* nie machen.»)

Wie für Wahrheiten gilt auch für moralische Grundsätze, dass sie sich in Geschichten&Diskurs-Zusammenhängen historisch entwickeln und legitimationsbedürftig sind. Wir können mithin nicht von Werten an sich sprechen, sondern nur von Werten für uns. Dieses «uns» kann sich auf unterschiedliche Aggregationen beziehen; deshalb kann etwa die europäische Gesellschaft erfahren, dass ihre als universal empfundenen Menschenrechtsvorstellungen durchaus europaspezifisch sind. Dabei tritt das bekannte Problem auf, dass Normen und Werte als Teil unseres in der Sozialisation erworbenen Wissens nur teilweise beobachtungsfähig sind bzw. nur teilweise bewusstseinsfähig sind, weil sie – wie bereits gesagt – zu den blinden Flecken unserer wirklichkeitskonstruktiven Prozesse gehören. Auf jeden Fall liegt der Ausgangspunkt bei der Beobachtung, Anwendung und Begründung von Werten notwendigerweise bei uns und nicht bei den anderen oder in einem Diskursjenseits.

Da es sich bei moralischen Problemen also um die Beurteilung von Beziehungen zwischen Menschen handelt, bildet den Ausgangspunkt aller Argumentationen und Entscheidungen in Sachen Ethik und Moral das in solchen Kontexten aufgrund der vorausgesetzten Erkenntnistheorie implizit oder explizit vertretene *Menschenbild*, dessen Akzeptanz – wegen der sich daraus unweigerlich ergebenden Konsequenzen – bereits als eine moralische Entscheidung betrachtet werden muss.

Vertritt man die Hypothese, dass jedes Beobachtungssystem (hier: jeder Aktant) unentwegt damit beschäftigt ist, seine systemspezifische Wirklichkeit zu leben, kommt die hier vertretene Position nicht umhin, von einem doppelten Pluralismuspostulat auszugehen, nämlich von einer Pluralität von Wirklichkeiten wie von einer Pluralität von Werten. Wer diese Pluralitäten theoretisch «einebnen» will, riskiert von vornherein eine dualistische Position, die einen Beobachtungsstandpunkt außerhalb der Beobachtung reklamiert und damit einen absoluten Wahrheitsanspruch erhebt.

Zum Abschluss dieser Überlegungen soll das hier entwickelte Konzept von Moral als pragmatischem Legitimationsunterbrecher in den Duktus der bisherigen Argumentation eingeordnet werden.

Moralische Urteile sind Setzungen in Geschichten&Diskursen, die das Handeln anderer und das eigene Handeln einer Bezugnahme auf die Differenz gut/böse unterziehen. Wie alle Setzungen folgen auch solche Urteile Voraussetzungen, die im Fall moralischer Urteile bestimmt werden können als die bis dato geltenden moralischen Orientierungsprinzipien der jeweiligen sozialen Bezugsgruppe des urteilenden Aktanten. Diese Prinzipien synthetisieren die Erfahrungen der Bezugsgruppe hinsichtlich des bislang viablen Differenzmanagements von gut und böse und gehen damit über die Erfahrungen einzelner Aktanten hinaus. Mit anderen Worten, auch in der Bezugnahme auf moralische Voraussetzungen kommt der einzelne Aktant «zu spät» – und ebendarin dürfte die soziale Verbindlichkeit dieser Bezugnahme begründet sein.

Moral fungiert als dynamische Ordnungsbildung für wertende Bezugnahmen auf alle Momente von Geschichten. Diese Bezugnahmen laufen unablässig ab. Erst bei Irritationen dieser prozessorientierten Bezugnahmen entsteht der Bedarf, sich legitimatorisch auf solche wertenden Bezugnahmen zu beziehen. Diese legitimatorischen Bezugnahmen werden durch Moral schematisiert und damit stabilisiert. Anders formuliert: Moral fungiert deshalb als Legitimationsunterbrecher, weil sie uns gemeinsam wissen lässt, wann und wie man legitimatorische Bezugnahmen zu handhaben hat. Kurzum: Moral bearbeitet erfolgreich die Kontingenz der Bewertungsorientierung des Handelns in Geschichten und Diskursen, indem sie diese Kontingenz kulturell invisibilisiert.

Wie Bewusstsein, Kommunikation und Kultur ist auch Moral immer schon vorausgesetzt und wird in Anspruch genommen, wenn über Moral gesprochen wird. Moral ist mit involviert in allem, was wir tun, so wie das in dem hier vertretenen Konzept des Wirklichkeitsmodells mit seinen fünf Dimensionen unter Einschluss der Moral postuliert wird (siehe Kapitel 2). Insofern kann man zu Recht sagen, Moral sei autokonstitutiv; denn gutes Handeln folgt moralischen bzw. sittlichen Orientierungsprinzipien, und diese Prinzipien resultieren aus gutem Handeln.

Moralische Diskurse unterbrechen moralisches Handeln und erlauben durch Reflexivierung Strukturbildung in Form bewussten Differenzmanagements von gut und böse, nicht aber irgendwelche absoluten Begründungen. Dieses Differenzmanagement muss in Betracht ziehen, dass die Leitdifferenz gut/böse bei ihrer Anwendung in Geschichten und Diskursen faktisch der Semantik von *verantwortlich/unverantwortlich* folgt, weil es um die Folgen geht, die mit gut/böse verbunden sind. Das heißt, es geht nicht um die Bezugnahme auf universal gültige Werte und Normen, sondern um die plausibel zu begründende Verantwortung für die Folgen bestimmter Handlungen. Verantwortung kann man nur für abschätzbare Handlungsfolgen übernehmen. Damit steht man bekanntermaßen vor einem doppelten Problem. Zum einen können Aktanten nur die Folgen abschätzen, die sich im Rahmen und mit den Mitteln ihrer eigenen Beobachtungskapazität erkennen lassen, und geraten damit möglicherweise in Konflikt mit anderen Aktanten, die diese Folgen aufgrund ihrer Geschichten und Diskurse ganz anders sehen. Zum anderen muss zwischen intendierten Folgen und unintendierten Konsequenzen von Handlungen unterschieden werden. Da man Verantwortung nur für vorhersehbare Folgen übernehmen kann, darf bei der Folgenabschätzung nur verlangt werden, dass der Handelnde nach bestem Wissen und Gewissen, also sittlich gehandelt hat. Das aber bedeutet, dass die Differenz gut/böse ihr praktisches moralisches Korrelat in der Differenz verantwortlich/unverantwortlich findet.

Die jeweiligen moralischen Orientierungsprinzipien einer bestimmten Gesellschaft bearbeiten universale Kontingenz, die mit dem unaufhebbaren Selektionszwang verbunden ist, mit Hilfe spezifischer Kontingenz, das heißt mit der Ausbildung und Befolgung sektoraler oder lokaler Bewertungsprinzipien. Dadurch wird es möglich, in moralischen Diskursen wie in Entscheidungssituationen

Erfolge durch weisen Verzicht auf die Forderung nach (bzw. die Verpflichtung auf) universelle Kategorien zu erzielen. Der Verzicht auf das (nur in dualistischen Theorien) unverzichtbare Postulat absoluter Werte macht antifundamentalistische moralische Entscheidungen in konkreten Geschichten und Diskursen kompromissfähig – oder so weise, wie Beobachter zweiter Ordnung sein können und sollten.

Wenn jeder Aktant nur als er selbst verantwortlich sein kann, dann kann es nur eine «Wir-sollen-Ethik» geben, weil jeder Aktant die Freiheit des anderen respektieren muss, indem er seine eigene (gewollt oder ungewollt) in Anspruch nehmen muss. Diese Wir-sollen-Ethik ist eine implizite Haltung, aus der allerdings durch strukturelle Kopplung mit anderen Aktanten eine dialogische (kommunikative) Haltung wird, die – so kann man weiter argumentieren – zur Eigenwertbildung führt, das heißt soziales Eigenverhalten entstehen lässt.

Das aus der Verantwortungshaltung resultierende Toleranzgebot hat als Korrelat aufseiten jedes Aktanten zum einen eine Begründungspflicht für moralische Entscheidungen in Konfliktfällen, zum anderen die Pflicht zur Verhaltensänderung im Fall erkannten eigenen Fehlverhaltens, gleichgültig ob es von Beobachtern moniert wird oder nicht. Die Begründung folgt dabei wiederum der Leitdifferenz verantwortlich/unverantwortlich und muss auf jeden Fall den Argumentierenden mit einschließen. In moralischen Diskursen wie in moralisch zu bewertenden Entscheidungssituationen gibt es keine neutrale Außenseiterposition, sondern ausschließlich Beteiligte, eben in Geschichten Verstrickte, die in allem, was sie tun, «wertende Wesen» sind.

13. WAHRHEIT

Auch in Bezug auf das Wahrheitsproblem liegt es nahe, wieder mit den beiden schon mehrfach erwähnten Grundproblemen des Menschen zu beginnen: mit dem Problem der Autokonstitutivität von Selektivität und Kontingenz sowie mit dem Problem der Vermittlung von kognitiver Autonomie und sozialer Orientierung. Und wie bei den anderen diskutierten Fällen geht es auch hier wieder um die Bearbeitung von Kontingenzproblemen durch Reflexivität.

Erwartungs-Erwartungen, so ist bereits mehrfach betont worden, entwickeln sich evolutionär als Form der Bezugnahme auf das bei anderen unterstellte enzyklopädische Wissen oder Weltwissen. Daraus entsteht kollektives Wissen, das alle konstatierenden, also von Aussagen bestimmten Diskurse bestimmt. Kommunikative Ko-Orientierung der anderen gelingt nur durch Bezug auf das Wissen, das bei anderen als aktiv verfügbar unterstellt wird. Um für solche Ko-Orientierungen semantische Verlässlichkeit (Sprachrichtigkeit) und Aussagenverlässlichkeit (Referenzrichtigkeit) erreichen und garantieren zu können, muss dieses Wissen mit einer stets mitgedachten und im Konfliktfall einklagbaren Markierung versehen werden, und diese Markierung heißt *Wahrheit*.

Wahrheit wird bestimmt als Einheit der Differenz *wahr/falsch*. Wahrheit als Aussagenverlässlichkeit in Geschichten und Diskursen invisibilisiert die Kontingenz alles Gewussten und dient als Argumentationsunterbrecher durch die Legitimität der Bezugnahme auf den Status quo des gemeinsamen Wissens. Zugleich gilt, dass nach

Beendigung der Argumentation zu jeder Zeit eine Wiederaufnahme der Wahrheitsbegründung eingefordert werden kann, die in der Regel nicht verweigert werden darf. Mit anderen Worten, das In-Frage-Stellen gehört zur Würde von Wahrheitsdiskursen, es bildet gewissermaßen deren Moral.

Dieser grundlegende Mechanismus soll im Folgenden näher erläutert werden.

Wahr, so betont P. Janich (2000a), kann nur sein, was auch falsch sein kann. Demnach bezieht sich *Wahrheit* auf Diskurselemente, auf Aussagen, Behauptungen und Argumente, nicht aber auf Objekte und Sachverhalte. Mit Hilfe der Auszeichnung von Aussagen und Behauptungen als *wahr* versuchen wir, das Anfangs- und das Endproblem in Kommunikationsprozessen und Diskursen auf Zeit zu lösen. Statt den unmöglichen Versuch zu unternehmen, mit absoluten Anfangsgründen zu starten, beginnen wir notwendig mit Rekurs auf bereits konsensfähiges Wissen, also mit Rekurs auf bereits kognitiv und kommunikativ Bewährtes und daher schon als wahr Ausgezeichnetes. Andererseits können wir unsere Argumentationen und deren Begründungen abbrechen, wenn wir im Diskurs in entsprechenden Geschichten zu einem (expliziten oder impliziten) Konsens gekommen sind. Mit anderen Worten: Weil wir das Bezweifeln aus pragmatischen Gründen nicht endlos perpetuieren können, müssen wir den aus Bezweifeln resultierenden Begründungsregress in zustimmungsfähiger Weise unterbrechen können, und diese Unterbrechung muss hohe soziale Reputation besitzen, um nicht als Willkür abgetan werden zu können. Beide Bedingungen erfüllt das Konzept ‹Wahrheit› in hinreichendem Maß.

Wahrheit wird behauptenden Sätzen bzw. Aussagensystemen *zugeschrieben*, wenn *wir* sie beim gegenwärtigen Stand des Wissens, und das heißt aufgrund bisheriger erfolgreicher Erfahrungen, für wahr halten. Worauf man sich ohne Einspruch argumentativ anschließbar als Wissen berufen kann, das gilt als wahres Wissen. (Deshalb trägt nach N. Luhmann Wissen stets einen impliziten

Wahrheitsanspruch mit sich.) Wahrheit ist demnach stets mit einem (zumindest impliziten) Zeitindex versehen: Die Aussage p ist wahr, wenn p mit unserem gegenwärtig nicht in Frage gestellten Wissen übereinstimmt, und Wahrheit bezieht sich auf sozial unterschiedliche Wissensbestände und Regeln der Attribution des Prädikats «wahr»: p ist wahr für alle, die sich in ihren jeweiligen Geschichten und Diskursen auf dasselbe Wissen beziehen und diesen Bezug auch bei allen anderen unterstellen. Mit anderen Worten, Wahrheit wird als funktionierende Reflexivität der Wissensbewertung im Diskurs vollzogen. Auch hier könnte man wie bei «Kultur» sagen: «Die Wahrheit» gibt es nicht, aber wir brauchen Wahrheitszuschreibungen als unverzichtbares Diskursregulativ.

Eine als wahr bezeichnete Aussage gibt den Stand des Wissens qua kognitiv gedeuteter Erfahrungen für uns zutreffend und verlässlich wieder. Sie ist in diesem Sinn – also nicht etwa aus sich heraus – evident und kann deshalb in entsprechenden Aussagen und Behauptungen so formuliert werden, als sei sie zeit- und aktantenunabhängig und Geschichten&Diskurs-resistent. Deshalb fungiert die Auszeichnung «wahr» als ein für seinen Verwender mächtiges Diskursinstrument, was leicht zu der Überzeugung verführt, Wahrheit sei etwas, was man besitzen könne und «nicht nur» ein Diskursregulativ.

Aussagen und Behauptungen finden in Diskursen statt, die in Geschichten eingebettet sind. Sie werden vollzogen, fallen also unter die Kategorie ‹Handlung› und können als solche gelingen und misslingen, Zwecke erreichen und verfehlen. Wie alle Handlungen folgen sie Handlungsschemata und werden im Laufe der Sozialisation(en) gemeinschaftlich erworben. Behauptungen, so unterstreicht P. Janich, sind als Handlungen nicht nur auf Verstandenwerden angewiesen, sondern auch auf Zustimmung, die für die Wahrheit einer Behauptung maßgeblich ist. Daher bestimmt Janich Wahrheit als Gelingen des Behauptens, wobei Behaupten nicht als bloßes redendes Beschreiben der Welt gesehen wird, sondern als Mittel zur Organisation gemeinschaftlicher Praxis, dessen Wahrheit sich darin beweist, dass die damit initiierten Handlungen gelingen. Wie Identität und Moral ist also auch Wahrheit ein Attributionsprodukt, das alle an diesem Attributionsprozess Beteiligten zur Zustimmung verpflichtet und nicht etwa eine frei wählbare Attitüde, die individuell wählbar und abwählbar ist.

Die mit dem Attribut ‹wahr› kommunikativ vollzogene Operation der Einschätzung einer Beschreibung, Erklärung oder Interpretation verführt in der Regel zu einer stillschweigenden Verabschiedung des Beobachters, oder mit einem Aphorismus des österreichischen Schriftstellers F. J. Czernin gesagt: «*wahrheit*: was uns, wenn wir etwas behaupten, verbietet zu denken, dass wir uns selbst dabei erwähnen.» Auch aus diesem Grund sollten Diskurse über die Wahrheit von Wahrheiten konsequent aus der Optik eines Beobachters zweiter Ordnung geführt werden, womit notwendig die Kontingenz *visibilisiert* wird.

Wahrheit, so H. von Foerster (1993), ist die Erfindung eines Lügners. Soll heißen: Wahrheit als Diskurskategorie brauchen wir erst dann, wenn Zweifel auftreten, wenn wir uns kognitiv unwohl fühlen und wenn Handlungen misslingen. Wahrheit ist ein Kind von Konflikt, eine Kategorie des Beobachters zweiter Ordnung. Weil wir uns, wie Robert Walser einmal treffend bemerkt hat, nicht selber die Wahrheit sagen können, beziehen sich unsere Zweifel in der Regel auf die Aussagen anderer, und aus dem Konflikt zwischen eigenen und fremden Überzeugungen gehen in der Regel die eigenen als Sieger hervor – weil wir sie für wahr halten. Die dahinter wirksame Strategie hat J. Mitterer auf die Formel gebracht, dass Wahrheit (so wie auch Moral) entpersonalisiert, Falschheit dagegen personalisiert wird: «Die Wahrheit» ist stets auf unserer Seite, «falsch» sind stets die Aussagen der anderen. Und da diejenigen, die im Diskurs Wahrheitsansprüche stellen dürfen und können, die diskursiv durchsetzbar sind, zumindest über Reputation, wenn nicht gar über Macht verfügen, zeigt sich, dass neben Moral Wahrheit als ein wichtiger Mechanismus sozio-kultureller Differenzierung funktioniert.

In einer beobachter- und prozessorientierten nicht-dualistischen Argumentation wird die Attribution der Kategorie «wahr/Wahrheit» mithin als eine *Diskursstrategie* angesehen, mit deren Hilfe die kommunikative Qualität von Aussagen, also deren Handlungserfolg, nicht aber deren Übereinstimmung mit etwas außerhalb der Aussagen Existierendem bestimmt wird wie in den meisten Korrespondenztheorien von Wahrheit. Dabei bezeichnet ‹kommunikative Qualität› je nach Diskurs ganz Unterschiedliches: diskursiven Erfolg (Anschlussfähigkeit), Nützlichkeit, Zustimmungsgrad, Überzeugungskraft, Authentizität, Evidenz, Stimmigkeit, Kohärenz, Widerspruchsfreiheit usw. Der emphatische Begriff der Wahrheit, wie er in dualistischen Philosophien vertreten wird, scheint vor allem deshalb so attraktiv zu sein, weil es bei ihm evident um *Macht* und um die Ablehnung von Dialog und Verantwortung geht – von Wissenschaft und Religion bis zu Politik, Erziehung und Partnerschaftsbeziehungen. Wer die Auffassung vertritt, man könne «im Besitz der Wahrheit» sein, macht jedoch einen doppelten Fehler: Er nimmt an, dass Wahrheit etwas für sich Bestehendes ist, also etwas, das von Zeit und Personen unabhängig ist; zugleich aber postuliert er, dass man sich in zeit- und personen-abhängigen Geschichten und Diskursen in den Besitz dieses Etwas bringen kann und damit der Kontingenz von Geschichten und Diskursen entrinnt, indem man ein «Diskursjenseits» (im Sinne von J. Mitterer) erreicht. In einem nicht-dualistischen Diskurs gibt es Wahrheit nicht im Singular oder als Entität, sondern nur im Plural und in adjektivischer Form der Anwendung der Differenz wahr/falsch. Damit wird bewusst auch die Argumentation vieler Autoren zurückgewiesen, Wahrheit an Evidenzerlebnisse der Wahrnehmung zurückzubinden, da Wahrnehmung als Prozess der Bezugnahme von Beobachtern konzipiert wird und nicht als Repräsentation von Realität.

Akzeptierte Aussagen, die zu Erwartungen (Strukturen) kondensiert werden können, führen ihre Wahrheitsqualität als Stimmigkeit mit sich, das heißt, sie passen in das Ensemble von Erfahrungen, die Aktanten mit diesen Aussagen in ihren bisherigen Geschichten&-

Diskursen gemacht haben. Diese Stimmigkeit resultiert aus der Vereinbarkeit mit den im Wirklichkeitsmodell und Kulturprogramm konstituierten Normalitätsstandards, die wie ein System blinder Flecken das Selbstverständlichkeitsprofil des Wissens einer Gesellschaft konstituieren – sozial verbindlich und unabhängig von einzelnen Aktanten. Insofern können wir Wahrheit streng genommen gar nicht als unser *Ziel* postulieren, weil wir sie immer schon besitzen, und zwar in Gestalt unseres Wissens und unserer Überzeugungen in Geschichten&Diskursen. Anders gesagt: In Bezug auf das Wissen der Wahrheit kommen wir immer zu spät, die Produktion von Wahrheit aus Wissen liegt immer vor uns.

Der Umgang mit dem Wahrheitsattribut kann in einen kognitiven und in einen kommunikativen Aspekt ausdifferenziert werden.

In kognitiven Prozessen behandeln wir Aussagen praktisch so lange als wahr, wie der Prozess der Bedeutungskonstruktion über der semiotischen Aussagenmaterialität nicht irritiert oder unterbrochen wird. Die Wahrheitsvermutung vollzieht sich hier als Evidenzerlebnis. Solange der kognitive Prozess der Ordnungsbildung ungestört abläuft, stellt sich die Wahrheitsfrage nicht; wir billigen, was wir rezipieren. Wird der Prozess unterbrochen, dann stellen wir uns in einer Form von Selbstkommunikation die Frage, ob und warum wir von dem Bedeutungskonstrukt, das wir im Rahmen unseres verfügbaren Wissens der Aussage zuordnen, überzeugt sind bzw. uns ein Szenario vorstellen können, das unsere Überzeugung stützen kann (etwa Belege, Beweisverfahren, Zeugenaussagen).

Auch in kommunikativen Prozessen stellt sich, wie bereits gesagt, die Wahrheitsfrage erst dann, wenn der Prozessablauf dadurch unterbrochen wird, dass Aussagen, Behauptungen oder Argumentationen in Frage gestellt bzw. angezweifelt werden. Hier dient der Rekurs auf wahre Aussagen als Legitimationsunterbrecher, der die Anschlussfähigkeit der Kommunikation wiederherstellt. Die Wahrheitsattribution vollzieht sich hier als Entscheidungsszenario, indem diejenigen Wissenskonstellationen bzw. Entscheidungspraktiken herangezogen werden, die beim gegenwärtigen Diskursstand unwidersprochen akzeptiert werden.

Gibt es neben dem Diskursbezug auch einen *Geschichtenbezug* von Wahrheit?

Wie oben bereits vorgeschlagen, wirkt sich die stillschweigende Annahme der Wahrheit unseres diskursbezogenen Wissens dahin gehend aus, dass die Kontingenz dieses Wissens invisibilisiert wird – es herrscht Vertrauen. Wir handeln so, als wären wir «im Besitz der Wahrheit» – bis ein Konflikt uns eines Besseren belehrt. Um Äquivokationen zu vermeiden, schlage ich daher vor, als Äquivalent von ‹Wahrheit› in Beziehung auf Geschichten den von E. von Glasersfeld ins Spiel gebrachten Begriff *Viabilität* zu benutzen. Viabilität bzw. Gangbarkeit benennt Problemlösungserfolge. Eine Handlung ist viabel, wenn sie in Geschichten und Diskursen erfolgreich ist, wobei der Handlungserfolg «kultürlich» (im Sinne von P. Janich) nach den Erwartungs- und Beurteilungskriterien von Aktanten in ihren jeweiligen Geschichtenzusammenhängen beurteilt wird. – Und weil Aktanten konservative Systeme sind, werden sie Änderungen nur vornehmen, wenn der Nützlichkeitstest, der im Handlungserfolg liegt, mindestens einmal versagt hat. (Meistens sind die Aktanten geduldiger.)

Dieser Vorschlag beruht auf folgender Argumentation: Wenn Wahrheit nicht im Modus von Übereinstimmungsbeziehungen (Realität und Erkenntnis, Aussage und Gegenstand) konzipiert wird, sondern als kognitiv und kommunikativ effiziente Strategie invisibilisierter kontingenter Bearbeitung von Kontingenz, dann kann sie unter der Beobachtungsperspektive «Diskurs» als erfolgreiche, gemeinschaftliches Handeln ermöglichende Kommunikationsstabilisierung und Regressunterbrechung bestimmt werden, unter der Beobachtungsperspektive «Geschichte» als soziale Einschätzung einer Handlung als viable Problemlösung im Sinne einer erfolgreichen Kopplung mit der Umwelt im sozialen Kontext. In beiden Fällen, in Geschichten wie in Diskursen, geht es also um

Handlungserfolg. Wenn – wie auch P. Janich in seinen Überlegungen zur Wahrheit betont – ein unlösbarer Zusammenhang zwischen Handlungen und Behauptungen besteht, dann wird erfolgreiches Handeln zum Definiens von ‹Handlungs-Wahrheit› erhoben. Behauptungen, die als Mittel gelingender Problemlösungen dienen, müssen wahr sein, wenn sie als Mittel der Organisation gemeinschaftlicher Praxis taugen sollen. Fehlender Handlungserfolg macht Behauptungen falsch; denn Behauptungen haben als wahre Rede Aufforderungscharakter im Zusammenhang mit der Organisation gemeinschaftlichen Handelns.

Auch Wahrheit als Strategie kontingenter Kontingenzbearbeitung integriert kognitive, affektive und moralische Aspekte. Unbefragt akzeptiertes Wissen erlaubt kognitives wie kommunikatives Operieren, das eine positive Lust-Unlust-Äquilibrierung (im Sinne von L. Ciompi) ermöglicht. Über wahres Wissen zu verfügen, ist emotional befriedigend. Im Alltag – abgesehen von speziellen Kommunikationsformen wie Humor oder Werbung – im Prinzip immer die Wahrheit zu sagen, gehört zu den (wie auch immer kontrafaktischen) moralischen Erwartungen an jeden Aktanten – Notlügen sind das Äußerste an entschuldbarem Zuwiderhandeln. Und besonders Wissenschaftler stehen unter dem hohen moralischen Anspruch, wahres Wissen und nur solches zu erzeugen und zu verbreiten, wollen sie nicht ihre Reputation verlieren. Umgekehrt beziehen sie aus der Erfüllung dieser Erwartung zugleich kognitive und emotionale Befriedigung.

Wie steht es nun aber mit *logischen Wahrheiten*?

Logische Wahrheiten sind gleichzusetzen mit der regelkonformen Anwendung logischer Operationen zum Zweck der Kategorisierung und Konzeptualisierung von Erfahrungen. Dabei darf nicht übersehen werden, dass auch Logiken unser eigenes Werk sind, das wir im Laufe der Zeit in Geschichten&Diskursen erfunden haben, anwenden und interpretieren. (Gegenüber der Aussagenlogik ist etwa die Modallogik eine noch junge Erfindung.) Es wäre daher höchst unplausibel, wollte man ausgerechnet die Logiken in einen außerweltlichen Gültigkeitsbereich, also in ein Jenseits von Geschichten und Diskursen versetzen, und zwar unabhängig davon, ob man logische Wahrheiten als Notwendigkeiten oder als objektive Wahrheiten interpretiert.

Und wie steht es schließlich mit den hoch eingeschätzten *wissenschaftlichen Wahrheiten*? Folgt man der bisherigen Argumentation, dann kann man auch für das Wissenschaftssystem und für wissenschaftliche Aussagen nur pragmatische Wahrheitsstrategien akzeptieren. Dahinter steht eine Konzeption von Wissenschaft als einer spezifischen gesellschaftlichen Ordnung (Form) der kulturellen Produktion von kognitiven semantischen Ordnungen (Wissen). Ordnungen entstehen auch hier nur in/als Relation zu Beobachtern und den von ihnen gehandhabten voraussetzungsreichen Unterscheidungen. Darum beobachten wir auch bei der wissenschaftlichen Wissensproduktion nur den Erfolg der intersubjektiven Anwendung unserer eigenen Ordnungsprinzipien, die wir dann und deshalb fremdreferenziell interpretieren, wenn sie von relevanten Aktanten(gruppen) akzeptiert werden. Erfolgreiche Reflexivität macht unsere Ordnungen wahr. Ob dieser Erfolg «von der Natur» beglaubigt wird, ist eine Frage, die wiederum nur wir beantworten können.

Wahrheit wird also auch hier bestimmt als regulative Idee, die Wissenschaftler auf bestimmte Handlungsideale verpflichtet, wobei diese Verpflichtung zugleich als moralische Verpflichtung zur Wahrheit gesehen werden muss. Auch hier lautet die entsprechende Frage nicht, was wissenschaftliche Wahrheit *ist*, sondern was daraus folgt, wenn Wissenschaftler eine Aussage als wahr *akzeptieren* – denn erst Akzeptanz schreibt ihnen Wahrheit, zugleich aber auch Verantwortung für Folgen der Akzeptanz als Wahrheit zu.

Im Kontext seiner Hypothese, Wissenschaften seien Hochstilisierungen lebensweltlicher Praxen, bestimmt P. Janich auch wissenschaftliche Wahrheit eindeutig als *Handlungserfolg*. Wissenschaftliche Problemlösungen sind aufgrund ihrer Methodensteuerung intersubjektiv und interdisziplinär diskursfähig, das heißt, ihre Leistungsfähigkeit für bestimmte Zwecke kann explizit argumentiert werden. Der Handlungsbezug zeigt sich deutlich in den auf Experimenten beruhenden empirischen Wahrheiten, die nur relativ zu der Zustimmung zu denjenigen Normen gelten, nach denen die im Experiment verwendeten Apparaturen erfunden, hergestellt und betrieben werden. Entsprechend ihrer Herstellung lässt sich daher Wahrheit deskriptiv typisieren.

Neben der Herstellung ist auch die Darstellung von wissenschaftlichen Ergebnissen logischen Wahrheitserwartungen unterworfen; aber auch Logiken liefern – wie oben betont – keinen Königsweg zu «der Wahrheit», sondern Vorschriften für schlüssiges Argumentieren, die von Anwendungsbereich zu Anwendungsbereich durchaus variieren können. Auch die Logiken haben ihre Geschichten und Diskurse.

In der Wissenschaftstheorie ist es bis heute nicht gelungen, allgemein akzeptierte Wahrheitskriterien zu finden. Konzentriert man den Blick auf die Herstellung und Darstellung wissenschaftlicher Wahrheiten in den speziellen Diskursen der Wissenschaften, dann zeigt sich, dass es durchaus gemeinsam akzeptierte Richtlinien für den Erfolg wissenschaftlicher Handlungen gibt, zum Beispiel Theorieorientierung empirischer Forschung, Explizitheit der Theorien und Terminologien, Operationalisierung der Problemlösung, Intersubjektivität der Überprüfung von Wissensproduktion, Explizitheit der Ergebnisdarstellung usw.

In Verfahren der Wahrheitsprüfung kommen ausschließlich kognitionsimmanente Kriterien zum Zuge, das heißt Indizien, die eine Wahrheitszuschreibung akzeptabel machen, wobei solche Indizien vermittels der Instrumentalisierung oder methodischen Ordnung von Handlungsvollzügen gewonnen werden. Die Erfüllbarkeit von Wahrheitskriterien kann dann als die operationale Effektivität einer Theorie für Prognosen bestimmt werden. Die Kriterien für Operativität aber sind tatsächlich entscheidbar, nämlich durch die Beobachtung von Folgen, Effekten usw. in der Erfahrungswirklichkeit des Beobachters.

Ein Blick auf die Differenz zwischen lebensweltlichen und wissenschaftlichen Wahrheitsproduktionen lässt Folgendes erkennen: Für den Beobachter erster Ordnung, der in seiner Lebenspraxis aus guten Gründen so operiert, als sei er philosophischer Realist, gibt es (außer im Konfliktfall) keine wahrheitstheoretischen Komplikationen. Sein Wahrheitsbegriff folgt der Semantik von «stimmt», «trifft zu», «deckt sich mit meinen Erfahrungen», «ist glaubwürdig» oder «es wird schon so sein». Dafür, wie Aussagen auf ihre Wahrheit (im Sinne von: Akzeptanz im Rahmen des Wissenssystems anderer Beobachter) hin geprüft werden, gibt es ganz unterschiedliche Verfahren: Man schaut selber nach, fragt Zeugen, erkundigt sich bei Fachleuten, fordert Belegstücke ein usw. Eine Aussage bleibt wahr, solange nichts Gegenteiliges bekannt wird. Wer sie akzeptiert, der überprüft in der Regel nicht die Relation zwischen Sachverhalt und Aussage, sondern er signalisiert Zustimmung zu einer Aussage, zumal nur in Ausnahmefällen eine Relationsprüfung möglich ist.

Während bei diesem alltagssprachlichen Wahrheitsbegriff die Genese unserer Erkenntnisprozeduren aus sensomotorisch-kognitiven Operationen und deren Abstraktion (im Sinne von J. Piaget) keine Rolle spielt (und zu spielen braucht), muss dies auf einer erkenntnistheoretischen Ebene durchaus berücksichtigt werden. Ein entsprechend prozessual angelegter Wahrheitsbegriff muss also die Genese unserer wissensproduzierenden Strategien berücksichtigen, um repräsentationistische Vorstellungen zu vermeiden. Wenn man sich klar macht, dass die Produktion von Wissen und Ordnung Wissen und Ordnung voraussetzt, dann kann Kohärenz als die Übereinstimmung von Erkenntnissen miteinander und mit dem Gesamtsystem des Wissens eines bestimmten Diskurses bestimmt werden. Dann leuchtet auch der Vorschlag von J. D. Sneed ein, Wissen auf der Ebene von Wissenschaften als theorie-wahr bzw. diskurs-wahr zu konzipieren und zu bewerten.

Abgesehen davon, dass im täglichen Wissenschaftsbetrieb selten die Rede von ‹Wahrheit› ist – hier geht es darum, ob eine Hypothese plausibel, ein Forschungsergebnis interessant oder ein Experiment erfolgreich ist –, verweist die Rede von Wahrheit in wissenschaftlichen Diskursen auf die Einhaltung verbindlicher Diskursregeln, auf konsensuelle (intersubjektiv anwendbare, also operationalisierte) Praktiken der Wissensherstellung und -darstellung, auf Anschließbarkeit in der Kommunikation usw. Insofern handelt es sich, wie auch N. Luhmann (1990a) betont, um eine Selbstprägung des Wissenschaftssystems. Daher muss man auch im Wissenschaftssystem die Aktanten dabei beobachten, wann und wie sie mit Wahrheitsattributionen in Geschichten und Diskursen umgehen und was daraus folgt.

Die Fixiertheit des Wahrheitsdiskurses auf Wissenschaft und Philosophie verdeckt oft den Blick auf andere Gesellschaftsbereiche, die einen eigenen Wahrheitsdiskurs entwickelt haben und pflegen; so etwa Religion und Kunst, aber (in zunehmendem Maße) auch Politik oder Wirtschaft. Spätestens seitdem im 18. Jahrhundert das sich formierende Sozialsystem Wissenschaft einen epistemisch «harten» subjekt-freien Wahrheitsbegriff für sich zu reservieren begann, mussten alle anderen Sozialsysteme ihre Wahrheitssemantik umkodieren, was zu einer kulturellen Pluralisierung von Wahrheitskonzepten führte (religiöse, politische, künstlerische Wahrheiten, aber auch die Wahrheit der Berichterstattung im aufblühenden Journalismus der Zeit).

Für jedes einzelne Wahrheitskonzept, das für sich Exklusivität reklamierte (also funktionale Äquivalente ausschloss), wurde nun aber ein dreifacher Anspruch angemeldet, und zwar ein epistemischer, ein moralischer und ein Herrschaftsanspruch: Wer «im Besitz» der jeweiligen Wahrheit war, wusste mehr als andere, war moralisch besser und damit befugt, andere zu erziehen und zu führen – und das hieß meist: zu bevormunden.

Dabei nahmen und nehmen Religion und Kunst eine Sonderstellung ein. Religion referierte mit ihrem Wahrheitskonzept auf eine personale Referenz (Gott und seine Offenbarung) und war damit gleichsam unangreifbar transzendent basiert. Kunst postulierte die innerweltliche Epiphanie von außerweltlichen Werten wie Schönheit, Unvergänglichkeit oder Sein im gelungenen Kunstwerk.

Eine ganz anders konnotierte Sonderstellung nahm und nimmt das Rechtssystem ein. Einerseits hat es die Erfahrung hinter sich, dass alle Versuche einer objektiven Begründung oder Ableitung von Rechtsnormen (sei es aus Gott, der Natur oder der Tradition) gescheitert sind. Andererseits tritt jeder Richter in jedem neuen Verfahren den Versuch an, «die Wahrheit» zu finden. Und anders als im Hörsaal, wo wahrheitsgemäßes Reden stillschweigend vorausgesetzt wird, ist der Gerichtssaal der einzige Ort, an dem Aktanten öffentlich und unter Eid verpflichtet werden, «die Wahrheit zu sagen und nichts als die Wahrheit», obwohl jeder weiß, dass der Vereidigte nur nach bestem Wissen und Gewissen aussagen kann, was er für wahr hält.

Die Wahrheit zu sagen – immer und unter allen Umständen – gehört zu den moralischen Grundsätzen «unserer Kultur». Dabei ist zwingend vorausgesetzt, dass jeder, der redet, die Wahrheit auch kennt und sich entscheiden kann, sie zu sagen oder nicht. Doch der Satz «die Wahrheit kennt» hat viele Lesarten, so zum Beispiel wissen, wie spät es ist, was das Auto gekostet hat, ob man tatsächlich in Timbuktu Station gemacht hat, ob die Versuchsreihe ausnahmslos dasselbe Resultat gebracht hat oder ob der Schnee weiß ist. Wer in Bezug auf einen dieser Fälle danach fragt, ob der Gefragte die Wahrheit sagt oder nicht, muss einen Grund haben (er misstraut dem Gefragten, besitzt anders lautende Informationen, zweifelt an Mitteilungsabsichten usw.).

Darum ist es immer lohnend, sehr genau zu beobachten, wer in welcher Situation zu welchem Zweck die *Wahrheitsfrage* stellt. Mit dieser Frage ist der Übergang von einer emphatischen zu einer kontingenten und pragmatischen (prozessorientierten) Wahrheitsauffassung vollzogen. Für eine solche Geschichten&Diskurs-orientierte Wahrheitsauffassung gibt es viele gute Gründe, nur einen nicht – *die Wahrheit*.

14. ZWISCHENFAZIT 3

Wie lässt sich nun der postulierte Zusammenhang zwischen Identität, Moral und Wahrheit genauer bestimmen?

Die Bildung und Erhaltung von Identität besitzt einen Handlungs- und einen Kommunikationsaspekt. Identitätszuschreibung setzt voraus, dass ein Aktant in seinem Handeln moralische Kontinuität erkennen lässt und dass er sich bei der kommunikativen Darstellung seiner Identität «an die Wahrheit hält». Seine Moral muss mit dem wahren Wissen seiner Bewertungsgemeinschaft übereinstimmen, und die Moral wahrheitsorientierter Kommunikation erfordert, dass im Prinzip immer «die Wahrheit gesagt wird».

Durch die Vernetzung der wichtigen reflexiven Mechanismen Identität, Moral und Wahrheit verwandeln Gesellschaften im Lauf ihrer Entstehung universale Kontingenz, also die Haltlosigkeit von Identität, Moral und Wahrheit, in tragfähige Konstruktionen, sozusagen in *stabile Kontingenz*. Identitätszuschreibung referiert auf die Erfüllung der Erwartungen an kommunikative und moralische Authentizität des Aktanten, moralische Orientierungs-Orientierung referiert auf die Erfüllung der Erwartungen an die Prinzipien seiner sittlich guten Lebensführung, und kommunikative Wahrheitszuschreibung referiert auf die Verlässlichkeit seiner Bezugnahmen auf den aktuellen Stand reflexiv unterstellten unbezweifelten Wissens. Darum können Moral und Wahrheit für die Handelnden in Gesellschaften Kontingenz invisibilisieren und in Diskursen als Legitimationsunterbrecher für Orientierungsprinzipien (Werte) sowie als Unterbrecher von Begründungsregressen für Wahrheiten (Gewissheiten) fungieren, ohne auf «das Gute» oder «die Wahrheit» zurückgreifen zu können und zu müssen. Für alle drei Bereiche gilt, was S. Jünger als Merkmal von Identität herausgestellt hat, nämlich Kontinuität des Wandels als Wandel von Kontinuität.

Mit diesen exemplarischen Überlegungen zu Identität, Moral und Wahrheit sollten die Überlegungen zu prozessbedingten Wirklichkeiten in der Hinsicht ergänzt werden, dass nicht nur «die Ordnung der Dinge» und «die Ordnung der Worte» als Resultate generativer Reflexionsprozesse dargestellt werden können, sondern auch «die Ordnung der Beziehungen» und «die Ordnung der Werte». Damit sollte gezeigt werden, dass auch in diesen Bereichen nichtdualistisch argumentiert werden kann und sollte und man sich damit auch hier aus der Kontinuität europäischer Problemlagen ausklinkt, die Identität, Moral und Wahrheit identitäts- und nicht differenztheoretisch und prozessorientiert bedenken.

Die auf diesem Wege gewonnenen Konzepte haben darüber hinaus den Vorteil, dass sie einerseits nicht normativ und andererseits abstrakt genug sind, um ganz unterschiedliche Probleme in den drei Konzeptdimensionen hinsichtlich ihrer individuellen wie ihrer sozialen Aspekte explizieren zu können. Zudem verdeutlicht die Herleitung dieser Konzepte ihren intrinsischen Zusammenhang, der sich aus ihrer Funktion der Ordnungsbildung ergibt und wesentlich zu deren Invisibilisierung beiträgt.

15. WOZU EINE THEORIE DER GESCHICHTEN&DISKURSE?

Es mangelt wahrlich nicht an konkurrierenden Theorien auf dem Diskursmarkt von Philosophie und Wissenschaft. Darum empfiehlt es sich, die Frage nach der Notwendigkeit eines neuen Theorieangebots selbst zu stellen, ehe sie von anderen gestellt wird. Die Bewertung der eigenen Begründung muss man dann ohnehin anderen überlassen.

In Kapitel 9 war schon begründet worden, warum es Sinn macht, einige der durch dualistisches Philosophieren künstlich erzeugten Dauerprobleme der europäischen Philosophie aufzulösen, sozusagen der Fliege den Ausweg aus dem Fliegenglas zu zeigen, wie L. Wittgenstein formuliert hat. Dabei handelt es sich um Probleme, die im europäischen Denken durchaus den Status «großer» philosophischer Probleme besitzen, etwa das Problem der Wirklichkeit, der Wahrheit, der Repräsentativität der Erkenntnis, der universalen Geltung von Werten, der Referenz der Sprache oder des wahren Anfangs philosophischer Theoriebildung. Ich habe zu zeigen versucht, dass alle diese Probleme offenbar aus demselben undurchschauten Startmanöver resultieren: Man zerlegt Wirkungszusammenhänge unter Verwendung ebendieser Zusammenhänge in Komponenten, löst diese von dem sie konstituierenden Zusammenhang ab und behandelt sie dann als eigenständige Objekte, mit deren Existenzbehauptung man dann zu philosophieren beginnt. Dualistisches Philosophieren erzeugt durch dieses undurchschaute Startmanöver die Dichotomien, an denen es sich seit Jahrhunderten abarbeitet, so vor allem die Dichotomien Subjekt und Objekt, Wirklichkeit und Erkenntnis, Aussage und Wahrheit, Individuum und Gesellschaft oder Gesellschaft und Kultur.

Gegen diesen Denkduktus soll hier das Argument stark gemacht werden, dass Bewusstsein, Beobachtung und Beschreibung offenbar die blinden Flecken unserer «Wirklichkeitskonstruktion» bilden und wir sehr geneigt sind zu übersehen, dass wir ausschließlich mit ihrer Hilfe *überhaupt* etwas sehen und wissen. Darum besteht die Argumentationsstrategie nicht-dualistischen Philosophierens darin, den reibungslosen Dienst dieser blinden Flecken zu stören, um ihn in Erinnerung zu rufen, und das heißt, um zu zeigen, dass es Gegenstände nur in der Bezugnahme von Bewusstsein, Objekte nur als Objekte in Beschreibungen, Ordnungen nur als systemspezifische Synthetisierungen usw. «gibt».

Die Auflösung der Probleme dualistischen Philosophierens durch eine bewusste Verschiebung des Startmanövers von Objekten zu Prozessen und deren Bedingungen macht zweierlei deutlich:

- Sie erinnert uns daran, dass wir selbst diese Probleme so groß und scheinbar unlösbar gemacht haben, weil wir uns gleichsam im Schatten unserer blinden Flecken aus der Problemerfindungsgeschichte hinausgestohlen haben. Folgerichtig stehen *unsere* Probleme dann übermächtig vor uns, als kämen sie leibhaftig aus dem (Diskurs-)Jenseits und resultierten nicht aus unseren Kognitionen und Kommunikationen. (Und selbst wenn sie Geister wären, hätten *wir* sie erst rufen müssen, um sie dann nicht mehr loszuwerden.)

- Sie macht uns bewusst, dass es keinen emphatischen bedingungslosen Anfang im Philosophieren wie in jeder Theoriebildung geben kann, sondern nur einen Beginn. Weil wir als Menschen in allen wichtigen Belangen vom Bewusstsein bis zu Sprache und Kultur immer schon zu spät kommen, sind unsere Theoriestarts nichts anderes als Übergänge, die wir durch Reflexion verstetigen und dadurch *für uns* wichtig machen.

Eine weitere Begründung für den Nutzen der hier vorgelegten Theorie sehe ich darin, dass hier bewusst zwei einfache Strategien erprobt werden. Zum einen die Strategie, durch *Beobachtungsvarianz* Erkenntnisgewinne zu erzielen, was zum Beispiel mit dem systematischen Einsatz der Varianz Prozess/Sinnorientierung bezogen auf eine mögliche Handlungs- und Kommunikationstheorie vorgeführt worden ist; zum anderen die Strategie auszutesten, wie weit man mit der hier erprobten Argumentation kommt, was zur Aufdeckung einer ganzen Reihe von Komplementaritäten geführt hat (siehe dazu die Glossare im Anhang), die sich selbst begründen.

Nicht-dualistisches Philosophieren sorgt drittens für menschenbezogene Problem*dimensionierungen* und Resistenz gegen Fundamentalismen jeglicher Art. «Kultürlich» reden wir über wahr und falsch, weil wir Regressunterbrecher für Argumentationszusammenhänge brauchen. Aber dies geschieht nicht unter der Prämisse, ob wir «der Wahrheit» näher gekommen sind oder sie gar in unseren Besitz gebracht haben, sondern im Hinblick auf die Frage, wann wir das Prädikat «wahr» sinnvoll attribuieren und welche Funktion dieses Manöver in den verschiedenen Arten von Diskursen erfüllt. Kultürlich stellen wir in Konfliktfällen die Frage, ob jemand gut oder böse gehandelt hat. Aber zur Beantwortung dieser Frage betrachten wir den Fall nicht unter der Perspektive «des Guten», sondern im Hinblick auf diejenigen moralischen Überzeugungen, die wir *rebus sic stantibus* als (un)vereinbar mit unseren moralischen Standards halten, wobei diese soziokulturell und soziohistorisch gewachsenen Überzeugungen zugleich auch als akzeptable Legitimationsunterbrecher dienen. Nicht «das Gute» oder «die Wahrheit» erzwingen die moralische und semantische Ordnung in unseren Geschichten&Diskursen, sondern *Reflexivität* als Generierungsmechanismus jeder Art von Kommunalisierung bzw. Sozialität. Ohne den Bezug auf soziale Orientierungen, wie sie uns die operative Fiktion des kollektiven Wissens liefert, das uns trotz kognitiver Autonomie zur Interaktion und Kommunikation befähigt, brauchten wir weder Wahrheit noch Moral, ja wir brauchten auch keine biographische Ordnung bzw. Identität, die wir uns über soziale Attribution selbst zuschreiben.*

Nicht-dualistisches Philosophieren im Rahmen einer Theorie der Geschichten&Diskurse führt weiterhin zu einer «realistischen» Einschätzung unseres Wissens und unserer *Wissenschaften*. N. Luhmann (1990a) hat zu Recht darauf verwiesen, dass wir normalerweise Wissen automatisch mit Wahrheit konnotieren. Wir halten unser Wissen für wahr – was sollten wir auch sonst tun. Und weil wir es nicht ständig mit Misstrauen verfolgen, bemerken wir kaum, dass und wie unser Wissen sich wandelt, wie unterschiedlich es auf gesellschaftliche Gruppen, Gesellschaften oder Kulturen verteilt ist, wie es in Teilen verschwindet (etwa handwerkliches Wissen, Wissen über Heilpflanzen usw.) oder umgewertet wird. Wir übersehen, dass es wegen der Autokonstitutivität von Setzen und Voraussetzen kein Wissen ohne Handeln in Geschichten&Diskurse bezogen auf Wirklichkeitsmodelle&Kulturprogramme geben kann, ebenso wie auch kein Handeln ohne Wissen möglich ist (und auch das ist eine Argumentationsnotwendigkeit). Handeln führt zum Kennen, Kennen zum Können. Mit diesen Überlegungen macht eine Theorie der Geschichten&Diskurse das Argument stark, dass der intrinsische Zusammenhang von Handeln, Kennen/Wissen und Können, der aufgrund der Leibgebundenheit des Menschen immer kognitive, affektive und moralische Komponenten in ein Attraktorenverhältnis zueinander bringt, definiert, was und wie wir erkennen. Aus diesem Grund muss der Handlungscharakter von Wahrnehmen, Erkennen oder Beschreiben hinreichend berücksichtigt werden; denn sie alle sind Praxen, die kulturell geformt sind und in Geschichten&Diskursen ablaufen. Nur analytisch kann dabei ein körperli-

* In früheren Publikationen habe ich zu zeigen versucht, wie eine Theorie der Geschichten und Diskurse andere Disziplinen von Problemen entlasten kann. Zur Anwendung von Konzepten etwa auf Fragen des Journalismus (Medienwirklichkeit, journalistische Ethik) oder der Betriebswirtschaftslehre (Unternehmenskultur, Unternehmenskommunikation) siehe Schmidt 2000 und 2003.

cher von einem geistigen Aspekt unterschieden werden. Darum liegt die Schnittstelle zwischen Aktant und Wirklichkeit nicht in Wahrnehmungen, Erkenntnissen oder Sprachen, sondern im Handeln, in der jeweiligen Verkörperung von Wahrnehmen, Erkennen und Kommunizieren im konkreten Wirkungszusammenhang von Geschichten&Diskursen, bezogen auf Wirklichkeitsmodelle&Kulturprogramme.

Wissenschaft erscheint in einer solchen Perspektive als ein spezieller gesellschaftlicher Geschichten&Diskurs-Zusammenhang zur Produktion spezieller, nämlich theoretisch und methodologisch geregelter Wissensformen. Der Bedarf nach solchen Wissensformen entsteht als aktantengebundener Problemlösungsbedarf sowohl innerhalb als auch außerhalb der Wissenschaften, womit auch die jeweiligen Anwendungsmodalitäten solcher Wissensformen geregelt werden. Wenn *wir* keine Probleme haben, deren Lösungserfolg wir bewerten, so könnte man C. Fr. von Weizsäcker ein drittes Mal paraphrasieren, dann ist von *Problemen* nicht die Rede.

Nicht-dualistisches Philosophieren lässt die emphatische Frage nach «der» Wirklichkeit hinter sich und konzentriert sich auf die Fragen, wie Wirklichkeiten in unserem Handeln entstehen und was wir damit anfangen können und dürfen. Auch hier greifen wieder kognitive, affektive und moralische Aspekte unlösbar ineinander. Wir streiten darüber, welche Wirklichkeiten die Medien erzeugen können und dürfen und wie wir solche Angebote nutzen können und dürfen. Wir sorgen uns darüber, welche Wirklichkeiten die Biologie und die Medizin, Nanotechnologie und Computertechnologie erzeugen und wie wir mit solchen neuen Wirklichkeiten umgehen können. Wenn wir angesichts solcher Entwicklungen die schlichte Tatsache nicht aus den Augen verlieren, dass ohne Menschen solche Wirklichkeiten weder entstehen noch genutzt werden könnten, dann verweist uns die Rede von unseren Wirklichkeiten zum einen zurück auf unsere Verantwortung und verbaut den Ausweg, unsere Verantwortung auf «die Realität» abzuwälzen, und sie drängt uns zum anderen, Kreativität bei der Erzeugung und Verwaltung neuer Wirklichkeiten zu entwickeln, statt auf sie als *non plus ultra* von Gegebenheit zu starren.

Nicht-dualistisches Philosophieren kann schließlich einen Ausweg aus manchen Problemen von Multikulturalität und Globalisierung weisen. Wenn Kultur, wie oben erläutert, als ein Programm für erfolgreiches Differenzmanagement, also als Problemlösungsgedächtnis wie als Problemlösungsdesign einer Gesellschaft modelliert wird, dann ist damit von vornherein akzeptiert, dass Kulturen sich nicht im Sinne von Höher-/Niedrigerwertigkeit unterscheiden, sondern allein im Hinblick auf die jeweilige Komplexität und soziale Viabilität ihrer Problemlösungen. Mit Hilfe von Kulturprogrammen schafft und löst eine Gesellschaft genau diejenigen Probleme, die sie für relevant hält, und bewertet zugleich Probleme wie Lösungen affektiv und moralisch. Daraus folgt, dass *jedes* Kulturprogramm selektiv und damit kontingent ist, eine spezifische Form von Unwahrscheinlichkeit, mit der sich Gesellschaften ihre Umweltbezüge systemspezifisch selegieren und interpretieren. Kulturelle Globalisierung kann also nur dann und nur in dem Maß gelingen, wie Teilprogramme bzw. Anwendungsmodi unterschiedlicher Kulturprogramme globalisiert werden können. Dabei ermöglichen vor allem die Medien zunehmend die Beobachtung der Auswirkungen/des Wirkens anderer Kulturprogramme. Transkulturalität als denkbarer Kulturalitätsmodus einer globalisierten Medien-Gesellschaft kann dann bestimmt werden als Anerkennung von Differenz ohne Aufgeben der eigenen Identität.

Zur Explikation und Ausdifferenzierung dieser Thematik kann eine Theorie der Geschichten&Diskurse einiges beitragen.

Wichtig ist dabei die grundlegende Einsicht in die Systemspezifik aller Bezugnahmen. Aus ihr folgt, dass Differenz, Heterogenität und Pluralität als kulturprogrammierte Phänomene zu betrachten sind und nicht als Probleme oder gar als Kalamitäten. In dieser Beobachtungsperspektive steht nicht der Schrecken im Vordergrund, den

Kontingenz verbreitet. Vielmehr geht es in erster Linie um die kreativen Möglichkeiten der Kontingenzbearbeitung.

Wer Differenz, Heterogenität und Pluralität akzeptiert, kann begründete Hoffnung auf die Veränderung von Verhältnissen hegen, weil sie als von Menschen gemachte auch (nur) von Menschen verändert werden können. Wer sie akzeptiert, für den ist Toleranz kein besonders aufwendiges moralisches Gebot, sondern eine Form der Anerkennung des eigenen Lebensrechts.

Eine Konzeption von Kultur als Problemlösungsprogramm erleichtert die konzeptionelle Trennung von Kultur und Nation und erlaubt Modellbildungen für Konzepte von Multi- und Transkulturalität. Damit wird einerseits die Differenz global/lokal nicht bloß terminologisch mit dem Neologismus «glokal» bedient, sondern es wird nachvollziehbar begründet, warum Problemlösungsprogramme auf allen Ebenen sinnvoller sozialer Kommunalisierung erforderlich sind. Dass etwa in den USA, aber auch in vielen afrikanischen Staaten neben dem staatlichen Recht auch Tribal Laws gelten und konkret angewendet werden, ist daher keine Ethnologen-Marotte. Ähnliches gilt für die so genannten Global Players im wirtschaftlichen Bereich, die sich sehr genau überlegen müssen, in welchen Bereichen Töchter in anderen Ländern eigene Kultur(teil)programme anwenden müssen.

Eine Theorie der Geschichten&Diskurse erlaubt schließlich auch Bewegung in der Frage, ob es so etwas wie Kultur ohne Konsens, wie friedlichen Streit ohne Ergebnis oder Globalität ohne Unifizierung geben kann. Die allgemeine Antwort lautet hier, dass die schon mit jedem einzelnen Menschen gegebene allgemeine Fremdheit in Gestalt der Systemspezifik aller Bezugnahmen in Geschichten und Diskursen Kooperation auch ohne allgemeinen Konsens in der Form selektiver Diversität zum «Normalfall» macht. Wenn aber alle und alles verschieden sind, dann kann man mit dem kooperativen Handeln nicht warten, bis zuerst Einheit und emphatisches Verstehen hergestellt worden ist; sondern erst gemeinsames Handeln kann so etwas schaffen wie partielle Einheit, deren Sinn dann für die Betroffenen pragmatisch einsichtig wird. Konsensverzicht, soll das heißen, darf nicht mit Interaktions- und Kommunikationsverzicht gleichgesetzt werden. Aus praktischen Gründen wird man deshalb Selbstorganisationsprozesse fördern müssen, um Entwicklungen in Gang zu setzen, deren Ablauf und Ziel nicht vorhersehbar sind, um neben geplanten auch ungeplante, neben kausal gesteuerten auch kreiskausale interaktive Prozesse zur Kooperation nutzen zu können. Und aus praktischen Gründen wird man deshalb auch Formen des strategischen Einsatzes operativer Fiktionen erproben, die Netzwerkbildungen ohne Grundkonsens ermöglichen. (Viele betrachten die Schweiz als real existierendes Beispiel einer solchen Strategie zur Regelung von Pluralismen.)

Auf die im (post)modernen Diskurs notorische Frage nach der *Macht* kann eine Theorie der Geschichten und Diskurse so antworten: Neben den verfassungsmäßig festgeschriebenen Machtdomänen von Politik, Polizei und Militär bis Wirtschaft und Verwaltung gibt es eine Fülle von Möglichkeiten der Entstehung und Ausübung von Macht. Macht besitzt und übt, wer bestimmt, mit welchen Unterscheidungen sozial relevante Probleme wie Inklusion oder Exklusion gesellschaftlicher Gruppen bearbeitet werden (die Cultural Studies haben hier viele Beispiele analysiert). Macht besitzt und übt, wer als Stichwortgeber in gedächtnispolitischen Diskursen auftreten kann, wer anderen Verstehen oder Missverstehen zuschreibt, wer Identitätsdarstellungen akzeptiert oder zurückweist, wer Stereotype durchsetzen oder Humor verbieten kann, wer Beiträge zu Diskursen zulässt oder abwehrt, wer Wahrheitsfragen stellen darf oder moralischen Konsens aufkündigen kann, wer Themenkarrieren bestimmen und Images lancieren kann. Das heißt, der Machtdiskurs muss gehörig ausdifferenziert werden, wobei diese Ausdifferenzierung von der Frage geleitet werden kann, wer sich in gesellschaftlich relevanten Fragen von Differenzmanagement dauerhaft durchsetzt.

Gegen die Beobachtungsvarianz und die Beobachtungshierarchisierung als Methode kann eingewendet werden (H. Putnam etwa hat so argumentiert), dass dauerndes Beobachten 2. Ordnung unklug ist und die Aktanten verunsichert und damit psychisch strapaziert.

Dieser Rat mag klug gewesen sein in Zeiten, wo Latenzbeobachtung eine spezielle Fähigkeit von Philosophen war. In Medienkulturgesellschaften mit ausdifferenzierten Mediensystemen ist, wie auch N. Luhmann betont hat, das Beobachten von Beobachtern zur ständigen Praxis geworden. Mediensysteme beobachten Beobachter und beobachten sich gegenseitig sowie gelegentlich auch sich selbst beim Beobachten.

In dieser Situation kommt alles darauf an, wie die Gesellschaft mit dem daraus resultierenden Kontingenzbewusstsein umgeht. Statt in scheinbar entlastende Fundamentalismen zu flüchten, muss in öffentlich geführten Diskursen deutlich gemacht werden, dass Kontingenz auch ohne Endgültigkeiten erfolgreich und vor allem kreativ bearbeitet werden kann, wenn die in diesem Buch besprochenen verschiedenen Modi meist impliziter gesellschaftlicher Kontingenzbearbeitung bewusst und gezielt eingesetzt werden. Akzeptierte spezifische Kontingenz kann das Verständnis für Demokratie und die dort erforderlichen Kompromisslösungen erheblich voranbringen und die Kreativität neuer Problemlösungen dadurch befördern, dass die scheinbaren Sachzwänge als selbst erzeugt erkannt werden. Insofern ist die Einsicht in unsere Kontingenzverhältnisse keineswegs ein Blick in den Abgrund, sondern der Blick in die von uns und von uns ganz allein zu verantwortende Wirklichkeit – also doch in den Abgrund?

Eine Theorie der Geschichten&Diskurse kann uns schließlich resistenter gegen Enttäuschungen werden lassen. Nach den in dieser Theorie vollzogenen Problemauflösungen und Verspätungseinsichten kann man ohne Verzichtsschmerz die These von der Endgültigkeit der Vorläufigkeit akzeptieren. Unsere Diskurse sind in der Tat bodenlos und unabschließbar. Sie werden – neben allen honorigen

Argumenten – durch Gefühle, Traditionen, Gewohnheiten oder Habitus bestimmt, die wie blinde Flecken wirken. Sind sie interessant genug, geben sie Anlass zur Entstehung von Diskursgemeinschaften, was etwas über ihren Erfolg, nichts aber über ihre Wahrheit aussagt.

Das Fazit dieser Überlegungen «Endgültigkeit der Vorläufigkeit» ist also eine tröstliche, eine entlastende Formel, die aber erst durch ihr Pendant «Vorläufigkeit der Endgültigkeit» vollständig wird – und für diese Vorläufigkeit der Endgültigkeit brauchen wir Identität, Moral und Wahrheit.

GLOSSARE

Die hier entwickelte Theorie der Geschichten&Diskurse hat intensiv mit semantischen Differenzierungen und Unterscheidungen gearbeitet, die Einheiten von Differenzen voraussetzen, um vollzogen werden zu können. Eine besondere Rolle haben dabei komplementäre Konzepte gespielt, angefangen von Setzungen und Voraussetzungen bis zu System und Umwelt. Schließlich sind Synthetisierungsmechanismen zur Ordnungsbildung und verschiedene Unterbrechermechanismen als Instrumente der Kontingenzbearbeitung eingeführt worden, die in dieser Form nicht geläufig sein dürften.

Um den Leserinnen und Lesern die Übersicht über diese konzeptionellen Instrumente zu erleichtern, werden sie im folgenden Glossar im Überblick zusammengestellt. Diese Zusammenstellung demonstriert zugleich in knappster Form die Grundzüge der in diesem Buch entwickelten Theorie der Geschichten&Diskurse.

A. EINHEITEN VON DIFFERENZEN {/}

Kontingenz {Möglichkeit/Selektion}
Selektion {Setzung/Voraussetzung}
Kategorien {semantische Differenzierungen/Unterscheidung}
Wirklichkeitsmodell {Kategorien/semantische Differenzierungen}
Kulturprogramm {Redundanz/Innovation von Programmbestandteilen und Programmanwendungen}
Bewusstsein {Bezugnahme/Bezugsgegenstand}

Aktant {kognitive Autonomie/soziale Orientierung}
Zeit {vorher/nachher} oder {hier/dort}
Raum {hier/dort} oder {jetzt/gleich}
Wirklichkeit {Raum/Zeit}
Gegenwart {Raum/Zeit}
Gesellschaft {Wirklichkeitsmodell/Kulturprogramm}
Wirklichkeitsmodell&Kulturprogramm {Geschichten/Diskurse}
Sinn {Kognition/Kommunikation}
Geschichten&Diskurse   {Handlungskommunikationen/Kommuni-
  kationshandlungen}
Geschichte {eigene/fremde Geschichten}
Diskurs {aktive/inaktive Diskursbeteiligungen}
Sprechen {Zeichenmaterialität/Bedeutung}
Identität {Selbstbeschreibung/Fremdbeschreibung}
Moral {gut, Achtung/böse, Ächtung}
gut, böse {verantwortlich/unverantwortlich}
Wahrheit {wahr/falsch}

B. KOMPLEMENTARITÄTEN

Wirklichkeitsmodell/Kulturprogramm
Selektion/Kontingenz
Beobachtbares/Nichtbeobachtbares
Kontinuität/Diskontinuität
Bewusstsein, Bezugnahme/Gegenstände
Setzung/Voraussetzung
Prozess/Struktur
Kognition, Bewusstsein/Kommunikation
Wirklichkeit/Gegenwart
Raum/Zeit
Sinn/Zeit
Interaktion/Kommunikation
Aktant/Gesellschaft

Kultur/Gesellschaft/Aktant
Zeichenmaterialität/Bedeutung
System/Umwelt

C. SYNTHETISIERUNGSMECHANISMEN

Geschichten synthetisieren Handlungen
Handlungen synthetisieren Ereignisse
Diskurse synthetisieren Kommunikationen
Kommunikationen synthetisieren Zeichenmaterialitäten

D. UNTERBRECHERMECHANISMEN

Zeitformen (Vergangenheit, Gegenwart, Zukunft): Prozessunterbre-
  cher
Reflexivität: Kontinuitätsunterbrecher
Schemata, operative Fiktionen: Kontingenzunterbrecher
Moral: Legitimationsunterbrecher
Wahrheit: Begründungsunterbrecher

LITERATURHINWEISE

Assmann, Aleida & Jan Assmann (1994): «Das Gestern im Heute. Medien und soziales Gedächtnis.» In: K. Merten, S. J. Schmidt & S. Weischenberg (Hg.), Die Wirklichkeit der Medien. Opladen: Westdeutscher Verlag 1994, 114–140.

Ciompi, Luc (1997): Die emotionalen Grundlagen des Denkens. Entwurf einer fraktalen Affektlogik. Göttingen: Vandenhoek & Ruprecht 1997.

Feilke, Helmuth (1994): Common sense-Kompetenz. Überlegungen zu einer Theorie des «sympathischen» und «natürlichen» Meinens und Verstehens. Frankfurt/M.: Suhrkamp 1994.

Giesecke, Michael (2002): Von den Mythen der Buchkultur zu den Visionen der Informationsgesellschaft. Frankfurt/M.: Suhrkamp 2002.

Hall, Stuart (ed.) (1997): Representation: Cultural Representations and Signifying Practices: Culture, Media and Identities. London: Sage 1997.

Hegel, Georg Wilhelm Friedrich (1965): Wissenschaft der Logik. Bde. I–III. Leipzig: Fromann 1965.

Jahraus, Oliver (2001): Theorieschleife. Systemtheorie, Dekonstruktion und Medientheorie. Wien: Passagen Verlag 2001.

Janich, Peter (2000): «Verlust der Realität? Ein abendländisches Gedanken-Los?» In: G. Zurstiege (Hg.), Festschrift für die Wirklichkeit. Wiesbaden: Westdeutscher Verlag 2000, 13–26.

Janich, Peter (2000a): Was ist Wahrheit? Eine philosophische Einführung. München: Beck, 5. Auflage 2000.

Jünger, Sebastian (2002): Kognition, Kommunikation, Kultur. Aspekte integrativer Theoriearbeit. Wiesbaden: Deutscher Universitätsverlag 2002.

Kellner, Douglas (1998): Media Culture. Cultural Studies, Identity and Politics between the Modern and the Postmodern. London/ New York: Routledge 1998.

Krämer, Sybille (2001): Sprache, Sprechakt, Kommunikation. Sprachtheoretische Positionen des 20. Jahrhunderts. Frankfurt/ M.: Suhrkamp 2001.

Luhmann, Niklas (1989): «Ethik als Reflexionstheorie der Moral.» In: Ders., Gesellschaftsstruktur und Semantik. Studien zur Wissenssoziologie der modernen Gesellschaft, Bd. 3. Frankfurt/M.: Suhrkamp 1989, 358–447.

Luhmann, Niklas (1990): Paradigm lost: Über die ethische Reflexion der Moral. Frankfurt/M.: Suhrkamp 1990.

Luhmann, Niklas (1990a): Die Wissenschaft der Gesellschaft. Frankfurt/M.: Suhrkamp 1990.

Merten, Klaus (1977): Kommunikation. Eine Begriffs- und Prozessanalyse. Opladen: Westdeutscher Verlag 1977.

Mitterer, Josef (2001): Die Flucht aus der Beliebigkeit. Frankfurt/ M.: Fischer 2001.

Roth, Gerhard (2001): Fühlen, Denken, Handeln. Wie das Gehirn unser Verhalten steuert. Frankfurt/M.: Suhrkamp 2001.

Rusch, Gebhard (1986): «Verstehen verstehen. Ein Versuch aus konstruktivistischer Sicht.» In: N. Luhmann & K. E. Schorr (Hg.), Zwischen Intransparenz und Verstehen. Fragen an die Pädagogik. Frankfurt/M.: Suhrkamp 1986, 40–71.

Rusch, Gebhard (1987): Erkenntnis, Wissenschaft, Geschichte. Von einem konstruktivistischen Standpunkt. Frankfurt/M.: Suhrkamp 1987.

Rusch, Gebhard (1999): «Eine Kommunikationstheorie für kognitive Systeme.» In: G. Rusch, Gebhard & Siegfried J. Schmidt (Hg.), Konstruktivismus in der Medien- und Kommunikationswissenschaft. Frankfurt/M.: Suhrkamp 1999, 150–184 (DELFIN 1997).

Schapp, Wilhelm (1953): In Geschichten verstrickt. Leer: Rautenberg 1953.

Schapp, Wilhelm (1959): Philosophie der Geschichten. Leer: Rautenberg 1959.

Schlosser, Gerhard (1993): Einheit der Welt und Einheitswissenschaft. Grundlegung einer allgemeinen Systemtheorie. Braunschweig/Wiesbaden: Vieweg 1993 (Wissenschaftstheorie, Wissenschaft und Philosophie Bd. 37).

Schmidt, Siegfried J. (1976): Texttheorie. Probleme einer Linguistik der sprachlichen Kommunikation. München: Fink, 2. Auflage 1976.

Schmidt, Siegfried J. (1989): Die Selbstorganisation des Sozialsystems Literatur im 18. Jahrhundert. Frankfurt/M.: Suhrkamp 1989.

Schmidt, Siegfried J. (1994): Kognitive Autonomie und soziale Orientierung: Konstruktivistische Bemerkungen zum Zusammenhang von Kognition, Kommunikation, Medien und Kultur. Frankfurt/M.: Suhrkamp 1994.

Schmidt, Siegfried J. (1998): Die Zähmung des Blicks. Konstruktivismus – Empirie – Wissenschaft. Frankfurt/M.: Suhrkamp 1998.

Schmidt, Siegfried J. (2000): Kalte Faszination. Medien Kultur Wissenschaft in der Mediengesellschaft. Weilerswist: Velbrück Wissenschaft 2000.

Schmidt, Siegfried J. (2003): Unternehmenskultur: Das Problemlösungsprogramm von Unternehmen (in Vorbereitung).

Schmidt, Siegfried J. & Guido Zurstiege (2000): Orientierung Kommunikationswissenschaft. Was sie kann, was sie will. Reinbek bei Hamburg: Rowohlt 2000.

von Foerster, Heinz (1993): Wissen und Gewissen. Versuch einer Brücke. Herausgegeben von Siegfried J. Schmidt. Frankfurt/M.: Suhrkamp 1993.

von Glasersfeld, Ernst (1995): Radikaler Konstruktivismus. Ideen, Ergebnisse, Probleme. Frankfurt/M.: Suhrkamp (Radical Constructivism: A Way of Knowing and Learning. London: The Falmer Press 1995, übers. von W. K. Köck).

von Weizsäcker, Carl Friedrich (1980): Der Garten des Menschlichen. Beiträge zur geschichtlichen Anthropologie. München: Hanser 1980.